출동! 구석구석
야생 동물 탐험

마이클 리치 선생님은
야생 동물을 찍는 사진가로 시작해 영국 BBC 방송국에서 야생 동물을 다룬 다큐멘터리 제작에 참여했고, 이후 야생 동물에 대한 글을 기고하며 언제나 야생 동물을 관찰해 왔습니다. 지금까지 야생 동물을 주제로 한 책을 35권 썼습니다.

메리엘 엘랜드 선생님은
자연의 이야기를 들려주는 글과 사진에 매료되어 전 세계를 여행했습니다. 시, 극본, 대본 같은 다양한 글을 쓰는데, 특히 자연에 대한 글을 주로 쓰고 있습니다.

오지현 선생님은
이화여자대학교 생물학과를 졸업하고 출판사에서 책을 만들었습니다. 지금은 번역 에이전시 엔터스코리아에서 번역가로 활동하고 있습니다. 옮긴 책으로는 《비교를 해 봐야 최고를 알지》, 《어린이 콜럼버스 세계지도책》, 《동물서커스단의 스타 탄생》 들이 있습니다.

출동! 구석구석
야생 동물 탐험

처음 찍은 날 | 2022년 5월 10일   처음 펴낸 날 | 2022년 5월 30일
글쓴이 | 마이클 리치·메리엘 엘랜드   옮긴이 | 오지현

펴낸이 | 김태진
펴낸곳 | 다섯수레

기획편집 | 김경희, 김시완, 정헌경, 김미희, 서해나, 유슬기   디자인 | 정수연, 김다윤
마케팅 | 이운섭, 천유림   제작관리 | 김남희

등록번호 | 제3-213호 등록일자 | 1988년 10월 13일
주소 | 경기도 파주시 광인사길 193(문발동) (우 10881)
전화 | (02) 3142-6611(서울사무소)   팩스 | (02) 3142-6615
인쇄 | (주)로얄 프로세스
ⓒ 다섯수레, 2022

ISBN 978-89-7478-456-0 74030
ISBN 978-89-7478-424-9(세트)

Children's Encyclopedia of Animals

Copyright © Arcturus Holdings Limited www.arcturuspublishing.com
Korean translation Copyright © 2022 Daseossure License arranged through KOLEEN AGENCY, Korea.
All rights reserved.

이 책의 한국어판 저작권은 콜린 에이전시를 통해 저작권자와 독점 계약한 다섯수레에 있습니다.
신 저작권법에 의해 한국 내에서 보호를 받는 저작물이므로 무단 전재와 무단 복제를 금합니다.

알고 있나요? ❺ 동물

출동! 구석구석
야생 동물 탐험

마이클 리치 · 메리엘 엘랜드 글 | 오지현 옮김

다섯수레

차례

동물 이야기를 시작하며   6

제1장 :: 포유류(육식 동물)

육식 동물	8	고양잇과	10
늑대	12	여우	14
곰	16	물개와 물범	18
고래와 돌고래	20	박쥐	22
수달	24	몽구스	26

제2장 :: 포유류(잡식 동물과 초식 동물)

잡식 동물과 초식 동물	28	코끼리	30
코뿔소	32	기린	34
낙타	36	유인원	38
원숭이와 여우원숭이	40	유대류	42
설치류	44	멧돼지	46

제3장 :: 조류

새	48	올빼미	50
독수리	52	수리	54
뽐내는 새들	56	앵무새	58
벌새	60	펭귄	62
물새	64	주금류	66

제4장 :: 파충류와 양서류

파충류와 양서류	68	독사	70
보아	72	개구리	74
두꺼비	76	도롱뇽	78
거북	80	카멜레온	82
도마뱀	84	악어	86

제5장 :: 해양 동물

바닷속 동물	88	물고기	90
상어	92	문어와 오징어	94
해마와 해룡	96	게와 바닷가재	98
산호초	100	심해 동물	102
해파리	104	불가사리	106

제6장 :: 소형 무척추동물

작은 벌레들	108	거미와 전갈	110
딱정벌레	112	민달팽이와 달팽이	114
나비와 나방	116	벌	118
메뚜기	120	지렁이와 거머리	122
개미	124	기생 동물	126

동물 이야기를 시작하며

생물은 크게 식물과 동물로 나뉘어요. 광합성을 하는 식물과 달리 동물은 먹이를 먹어 소화시키고 주변 환경에 더 빨리 반응하며 움직이지요. 인류는 지금까지 수많은 동물 종을 밝혀냈지만, 아직 찾아내지 못한 동물 종이 많이 남아 있어요.

코뿔새는 동남아시아의 열대 우림에 살아요. 조류는 등뼈가 있는 정온 동물로, 날개를 가지고 있어요. 대부분의 조류는 날개를 퍼덕여 날아다니지요.

생물의 등장과 멸종

약 39억 년 전, 1개의 세포로 이루어진 단세포 생물이 세상에 나타났어요. 약 10억 년 전에는 최초의 동물 가운데 하나인 해면동물이 등장했지요. 그 후 더 복잡한 동물들이 진화했는데, 이제는 멸종한 동물들도 많아요. 공룡은 약 6,500만 년 전에 멸종하기 전까지 약 1억 6,500만 년 동안 육지에서 가장 번성한 동물이었어요.

티라노사우루스의 머리뼈 화석이에요.

곤충의 한 종인 잎벌레

생물 분류하기

과학자들은 생물을 공통된 특징에 따라 구분해요. 동물은 크게 등뼈가 있는 척추동물과 등뼈가 없는 무척추동물로 나뉘어요. 무척추동물 가운데는 절지동물이 가장 많은데, 절지동물의 가장 큰 특징은 마디로 이루어진 몸통과 관절이 달린 다리 같은 부속지예요. 곤충, 거미 그리고 게가 모두 절지동물이지요.

정온 동물과 변온 동물

동물 대부분이 '변온 동물'이에요. 변온 동물은 스스로 체온을 조절할 수 없어서 체온이 외부 환경에 따라 변해요. 반면 포유류와 조류는 바깥 기온에 관계없이 언제나 같은 체온을 유지하는 '정온 동물'이에요. 정온 동물은 스스로 열을 내기 때문에 추운 곳에서도 살아남을 수 있어요.

사향소는 포유동물이에요.

도심에서 살아가는 원숭이

멸종 위기 등급

국제 환경 기구인 세계자연보전연맹은 생물 다양성을 지키기 위해 생물 종을 절멸, 야생 절멸, 위급, 위기, 취약, 준위협, 최소 관심, 정보 부족, 미평가로 나누고 있어요. 이 멸종 위기 등급을 통해 한 생물 종이 어떤 위험에 놓여 있는지 알 수 있지요.

서식지

생물이 주로 생활해 나가는 곳을 '서식지'라고 해요. 열대 우림과 산호초는 물론 사막, 산간 지대 그리고 물 위를 떠다니는 얼음덩어리인 유빙까지, 동물은 거의 모든 환경에서 서식하도록 진화해 왔어요. 이제는 인간이 만든 도시에서도 적응해 살아갈 정도이지요.

납작꼬리도마뱀붙이는 서식지가 줄어 '멸종 취약 종'이 되었어요.

제1장 포유류(육식 동물)

육식 동물

포유류는 등뼈를 가진 척추동물이자 폐로 호흡하는 정온 동물이에요. 포유류는 대부분 새끼를 낳아 기르고, 갓 태어난 포유류는 어미의 젖을 먹고 자라지요. 포유류 가운데 약 270종이 고기를 먹고 사는데, 이러한 육식 동물은 전 세계 곳곳에 살고 있어요.

육식 동물의 특징

육식 동물은 정면을 향한 두 눈으로 먹잇감의 거리를 가늠한 뒤 긴 다리로 재빨리 달려가 먹잇감을 잡아먹어요. 사냥하기 전에 커다란 뇌로 영리한 작전을 세우기도 하지요. 육식 동물들은 혼자 살기도 하지만 무리를 지어 함께 사냥하며 살기도 해요.

육식 동물은 주둥이 앞쪽에 난 기다랗고 뾰족한 송곳니로 먹잇감을 물어 죽이고, 안쪽에 난 크고 날카로운 이빨로는 먹이의 살점을 베어 내요.

알고 있나요? 점박이하이에나는 울음소리가 사람 웃음소리처럼 들려서 '웃는 하이에나'라는 별명이 붙었어요. 무리를 이루어 사는데, 80마리에 이르는 거대한 무리도 있어요.

위태롭고 짧은 삶

육식 동물은 영양이 풍부한 고기를 먹기 때문에 자주 먹을 필요가 없어요. 하지만 육식 동물의 사냥은 까다롭고 힘들어요. 몸이 조금이라도 좋지 않으면 먹잇감을 쫓는 속도가 느려져 사냥에 실패하거든요. 그만큼 생명이 위태롭기 때문에 육식 동물은 일찍 죽을 가능성이 높아요. 나이 들어 죽는 육식 동물보다 굶어 죽는 육식 동물이 더 많을 정도이지요.

표범은 한 번에 약 4킬로그램의 고기를 먹을 수 있어요. 대개 3~4일에 한 번씩 사냥하고 나머지 시간은 쉬며 보내지요.

하이에나의 이빨과 턱은 먹잇감의 뼈를 으스러뜨릴 정도로 강해요. 하지만 하이에나는 죽은 동물의 썩은 고기도 잘 먹지요.

점박이하이에나
CROCUTA CROCUTA

서식지 : 사하라 사막 이남의 아프리카 곳곳
몸길이 : 약 1.3~1.65미터
몸무게 : 약 60~80킬로그램
먹이 : 포유류
기대 수명 : 약 21년
멸종 위기 등급과 야생 개체 수 : 최소 관심, 최대 약 4만 7,000마리

고양잇과

고양잇과 동물은 부드러운 털과 짧은 주둥이 그리고 예리한 발톱을 갖춘 육식 동물로, 약 3,000만 년 전에 처음으로 세상에 나타났어요. 오늘날 야생 고양잇과 동물은 오스트레일리아와 남극 대륙을 뺀 어디에나 살고 있지요. 37종에 이르는 고양잇과 동물 가운데 사자, 호랑이, 재규어, 표범은 대형 고양잇과 종이에요.

인도호랑이는 정면을 향한 두 눈으로 거리를 정확하게 가늠할 수 있어요. 고양잇과 동물은 대부분 야행성이어서 주로 밤에 사냥하고 어둠 속에서도 잘 볼 수 있어요.

무시무시한 발톱

고양잇과 동물은 갈고리 모양의 예리한 발톱으로 사냥감을 낚아채요. 평소에는 날카로운 발톱을 끌어당겨 숨겨 둘 수 있어요. 하지만 치타는 발톱이 항상 나와 있어서 미끄러지지 않고 빠르게 달릴 수 있어요.

최고 시속 110킬로미터로 내달리는 치타는 단거리를 가장 빠르게 달리는 포유동물이에요.

호랑이에게 가장 중요한 감각은 청각이에요. 호랑이는 두 귀를 제각각 움직여 사방에서 들려오는 아주 먼 곳의 소리도 알아챌 수 있어요.

무리 생활과 서식지

사자는 고양잇과 동물 가운데 유일하게 무리 지어 사냥하며 살아가요. 다른 고양잇과 동물들은 모두 단독으로 생활하다가 새끼를 키울 때만 함께 지내지요. 고양잇과 대부분은 삼림이나 초원에 살지만 몇몇 종은 아주 다른 환경에 적응해 살아가요. 모래고양이는 사막에 살면서 주로 새와 도마뱀을 사냥하는데, 몸에 필요한 수분을 모두 먹잇감에서 얻고 물은 거의 마시지 않아요.

호랑이는 길고 예민한 수염으로 공기의 작은 떨림도 알아채요. 한밤중에 먹잇감을 찾을 때 꼭 필요한 능력이지요.

호랑이가 숲이나 풀밭에 몸을 숨기면 털에 난 줄무늬 덕분에 눈에 잘 띄지 않아요. 호랑이는 매일매일 몸털을 핥는데, 이렇게 하면 죽은 털이 빠져서 몸이 깨끗해져요.

사자는 무리를 이루어 살아가는 고양잇과 동물이에요. 보통 10여 마리의 어미 암사자들과 새끼 사자들 그리고 3~4마리의 어른 수사자들이 하나의 무리를 이루어요.

호랑이는 크고 날카로운 송곳니로 먹잇감을 물어 죽이고, 그 뒤쪽으로 난 예리한 어금니로 먹이의 살점을 베어 내요.

인도호랑이
PANTHERA TIGRIS

서식지 : 남아시아의 숲과 늪, 풀밭
몸길이 : 약 2.4~3.1미터
몸무게 : 약 100~260킬로그램
먹이 : 사슴이나 멧돼지 같은 포유류
기대 수명 : 약 15~20년
멸종 위기 등급과 야생 개체 수 : 위기, 약 2,200~3,200마리

알고 있나요? 기록으로 남은 가장 큰 고양잇과 동물은 몸무게가 423킬로그램이나 나갔던 시베리아호랑이였어요.

늑대

갯과 동물 가운데 몸집이 가장 큰 회색늑대는 한때 지구에 널리 퍼져 살았지만, 오늘날에는 사람들과 멀리 떨어진 북아메리카와 유라시아의 외딴 지역에서만 서식하고 있어요. 다행히 이곳의 회색늑대 개체 수는 일정하게 유지되고 있지요. 하지만 에티오피아늑대와 붉은늑대는 멸종 위기에 처해 있어요.

사라지는 늑대들

인간은 수세기 동안 늑대를 사냥해 왔어요. 늑대가 인간과 가축을 공격할까 봐 두려웠기 때문이지요. 그뿐만 아니라 인간은 늑대의 서식지를 농경지로 바꾸어 왔어요. 그 결과 서유럽, 멕시코 그리고 미국 대부분의 지역에서 회색늑대가 멸종되었지요.

늑대는 달릴 때 귀를 납작하게 눕혀 몸을 유선형으로 만들어요. 하지만 다른 늑대와 마주친 순간 두려워서 귀가 납작해지기도 해요.

회색늑대의 털은 검은색, 하얀색, 옅은 회색, 크림색 또는 갈색이에요.

늑대는 약 2킬로미터 떨어져 있는 사냥감의 냄새를 맡을 수 있어요. 또한 냄새만으로 어떤 늑대가 같은 편인지 경쟁 상대인지 그리고 그 늑대가 방금 먹이를 먹었는지 아닌지도 가려낼 수 있어요.

늑대는 몸에 짧고 촘촘한 안쪽 털과 길고 두꺼운 바깥쪽 털이 나 있어서 기온이 영하 40도까지 내려가는 추운 곳에서도 살 수 있어요.

알고 있나요? 남아메리카에 사는 갈기늑대는 쥐나 곤충을 잡아먹기도 하지만 독특하게 과일과 식물을 주로 먹어요.

늑대는 꼬리로 균형을 잡고 의사소통을 해요. 무리에서 서열이 높은 늑대는 으레 꼬리를 높이 세우고, 서열이 낮은 늑대는 꼬리를 뒷다리 사이로 내리지요.

늑대는 다리가 길고 체력이 좋아서 하루에 약 50킬로미터 가까이 이동할 수 있어요. 또 최고 시속 65킬로미터로 내달릴 수도 있지요.

늑대는 주로 길게 울부짖거나 배설물로 지독한 체취를 남겨서 영역 또는 세력권을 표시해요.

늑대 무리

늑대 한 무리는 약 30제곱킬로미터부터 넓게는 약 2,500제곱킬로미터에 이르는 영역을 차지하고 살아요. 일반적으로 늑대 10여 마리가 모여 하나의 무리를 이루는데, 오로지 우두머리 수컷만이 암컷과 싹짓기를 해 새끼를 낳아요. 무리의 다른 늑대들은 힘을 합쳐 새끼 늑대들을 보호하지요.

회색늑대
CANIS LUPUS

- 서식지 : 북아메리카와 아시아, 유럽의 숲, 툰드라, 산악
- 몸길이 : 약 1~1.4미터
- 몸무게 : 약 30~80킬로그램
- 먹이 : 사슴, 들소 같은 포유류
- 기대 수명 : 약 15년
- 멸종 위기 등급 : 최소 관심

여우

여우는 갯과 동물 가운데 몸집이 가장 작아요. 삼각형 얼굴, 뾰족한 귀 그리고 복슬복슬한 꼬리가 가장 눈에 띄는 특징이지요. 여우는 지능이 높고 어디에서든 잘 적응하기 때문에 남극 대륙을 뺀 전 세계에 퍼져 살고 있어요. 또 다양한 울음소리, 짖는 소리 그리고 으르렁거리는 소리를 내 두려움, 경고 또는 위협을 표현하지요.

붉은여우는 적응력이 뛰어나 도시, 풀숲, 산은 물론 사막에도 서식해요. 살아 있는 다른 생물을 잡아먹을 뿐 아니라 죽은 동물의 사체도 먹어 치우지요.

붉은여우는 추울 때면 길고 복슬복슬한 꼬리로 제 몸통을 감싸 몸을 따뜻하게 해요.

여우는 다른 갯과 동물에 비해 작지만 다부져요. 붉은여우는 약 2미터까지 높이 뛸 수 있고 수영도 곧잘 하지요.

붉은여우
VULPES VULPES

- **서식지**: 전 세계 거의 모든 지역의 숲과 농경지, 도시, 초원
- **몸길이**: 약 60~90센티미터
- **몸무게**: 약 6~9킬로그램
- **먹이**: 포유류와 새, 곤충, 파충류, 과일, 음식 쓰레기
- **기대 수명**: 약 5년
- **멸종 위기 등급**: 최소 관심

알고 있나요? 여우의 이빨은 대개 42개이지만 큰귀여우의 이빨은 48개나 돼요. 유난히 뾰족하고 많은 이빨로 흰개미나 다른 곤충을 꼭꼭 씹어 먹지요.

붉은여우는 뛰어난 청각과 후각으로 사냥할 동물의 위치를 정확하게 알아내요.

여우는 대부분의 갯과 동물과는 달리 좀처럼 이빨을 드러내지 않아요.

생존 전문가

'진정한 여우'로 분류되는 12종의 여우 가운데 붉은여우는 전 세계에 가장 널리 퍼져 있는 육식 동물이에요. 하지만 보통 무척추동물과 작은 포유류는 물론 풀과 음식물 쓰레기까지 뭐든 먹지요. 먹다가 남은 먹이는 땅속에 묻어 놓았다가 배고플 때 찾으러 가기도 해요.

북극여우는 추운 북극 지방에서 살 수 있게 적응해 왔어요. 겨울이면 북극여우의 털은 눈과 구분하기 어려울 정도로 새하얀 색이 돼요.

사막의 주민

건조하고 뜨거운 북아프리카 사막에 사는 페넥여우는 커다란 두 귀로 뜨거운 열기를 날려 보내 체온을 조절해요. 또한 두 귀가 깔때기처럼 소리를 모아 주는 덕분에 밤에도 땅속에 숨어 있는 먹잇감을 찾아낼 수 있지요. 페넥여우는 몸에 필요한 수분의 대부분을 먹잇감에서 얻어요.

페넥여우는 야생 갯과 중에서 몸집이 가장 작아요. 몸길이가 약 40센티미터밖에 되지 않아 고양이와 비슷하지요.

15

곰

곰은 몸집이 큰 포유류로, 아시아, 유럽 그리고 아메리카 대륙의 숲에 살아요. 주로 열매, 벌꿀, 곤충을 먹지만 물고기, 썩어 가는 고기나 움직임이 더디고 약한 동물도 먹는 잡식 동물이지요. 반면 노련한 사냥꾼인 북극곰은 북극에 살면서 주로 바다표범 같은 동물을 사냥해 먹어요.

겨울잠

북극곰은 1년 내내 사냥을 하며 돌아다니지만, 추운 지역에 사는 회색곰과 불곰 같은 곰들은 겨울이면 '겨울잠'에 들어가요. 춥고 먹이가 귀한 겨울 동안 굴이나 땅속에서 잠을 자며 활동을 줄이는 거예요. 하지만 남아시아의 느림보곰처럼 따뜻한 지역에 사는 곰들은 겨울잠을 잘 필요가 없지요.

물이 잘 스며들지 않는 촘촘한 털과 가죽 안쪽에 있는 두꺼운 지방층이 북극의 매서운 추위를 막아 줘요.

연어 떼가 알을 낳기 위해 강물을 거슬러 올라오는 가을이 되면 큰곰은 물고기 잔치를 벌여요! 물고기를 마음껏 먹어 살을 찌우고 나면 겨울잠에 들어가지요.

곰은 보통 혼자 살아요. 하지만 어미 곰은 2년 넘게 새끼 곰을 돌보며 함께 지내지요. 새끼 곰은 지방 성분이 20~25퍼센트나 되는 어미 곰의 젖을 먹으며 쑥쑥 자라요.

북극곰
URSUS MARITIMUS

- 서식지 : 북극권의 툰드라와 유빙, 바다
- 몸길이 : 암컷 약 1.7~2.5미터, 수컷 약 1.9~2.5미터
- 몸무게 : 암컷 약 150~500킬로그램, 수컷 약 300~800킬로그램
- 먹이 : 바다표범과 바닷새, 순록, 물고기
- 기대 수명 : 약 25~30년
- 멸종 위기 등급과 야생 개체 수 : 취약, 약 2만 6,000마리

곰은 후각이 굉장히 예민해요. 북극곰은 30킬로미터 이상 떨어져 있는 물개의 냄새도 맡을 수 있지요.

까다로운 판다

대부분의 곰이 다양한 먹이를 먹는 반면 판다는 가리는 게 많아요. 판다의 먹이는 약 99퍼센트가 대나무예요. 판다는 중국의 산악 지대에 사는데, 지금은 서식지가 줄어서 다 자란 야생 판다는 겨우 500마리에서 1,000마리밖에 없어요.

북극곰은 미색을 띠는 하얀 털 덕분에 눈밭에서 돌아다닐 때 눈에 잘 띄지 않아요.

포유류는 대부분 발가락만 땅에 대고 걷는데, 곰은 인간처럼 발바닥 전체를 땅에 디디며 걸어 다녀요.

판다는 깨어 있는 시간 대부분을 먹으면서 보내요. 하루에 약 12~38킬로그램의 대나무를 먹어 치우지요.

알고 있나요? 태양곰은 곰 가운데 몸집이 가장 작아요. 두 발로 서면 몸길이가 1미터가 조금 넘을 정도이지요. 하지만 태양곰의 혀는 무려 25센티미터나 돼요!

물개와 물범

물범과 물개, 바다코끼리 같은 동물들은 발이 지느러미처럼 생겨서 '기각류'라고 해요. 기각류는 물속에서도 땅 위에서도 살아가는데, 특히 물범은 물갈퀴가 있는 뒷다리로 바다에서 힘껏 헤엄치는 한편 땅에서는 앞다리와 배로 몸을 밀며 기어 다니지요.

물속은 내 세상!

기각류 동물들은 물속에서 최고 시속 약 30킬로미터로 먹잇감을 쫓아다녀요. 매끄러운 유선형 몸을 가진 덕분이지요. 바다에 사는 포유류가 다 그렇듯이 기각류도 숨을 쉬려면 물 위로 올라와야 해요. 하지만 코끼리바다물범은 물속에서 2시간 가까이 숨을 참을 수 있어요.

잔점박이물범은 귀가 없는 것처럼 보여요. 귓구멍은 있지만 귓바퀴가 없기 때문이에요.

눈이 커다래서 어두운 물속에서도 잘 볼 수 있어요.

남극해에 사는 웨들해물범은 수심 600미터까지 내려가 잠수할 수 있어요.

기각류는 물속에서 콧구멍을 완전히 닫아 두어요. 하지만 땅 위에서는 콧구멍을 열고 냄새를 무척 잘 맡지요.

기각류는 수염으로 물속의 미세한 움직임을 알아차려요. 물속이 너무 어두워 먹잇감이 보이지 않을 때도 수염으로 먹잇감을 찾을 수 있지요.

알고 있나요? 사이마고리무늬물범은 매우 희귀한 동물이에요. 핀란드의 사이마 호수에서만 사는 데다 다 자란 개체 수가 최대 190마리 정도뿐이지요.

피부 아래에 있는 두꺼운 지방층이 추위를 막아 주고 몸이 물에 잘 뜨게 도와줘요.

멸종 위기의 기각류

귓구멍이 있지만 귓바퀴는 없는 물범, 귓바퀴가 있는 물개, 그리고 큰 송곳니가 특징인 바다코끼리는 모두 기각류 동물이에요. 그런데 수많은 기각류가 인간의 활동 때문에 일어나는 기후 변화와 환경 오염으로 생존을 위협받고 있어요. 인간은 얼마 전까지도 물개의 털가죽을 얻기 위해 물개를 마구 잡아 죽였고, 그 바람에 물개가 멸종될 뻔했지요.

상아로 된 송곳니를 얻기 위해 바다코끼리를 마구 사냥하던 때도 있었어요. 이제 상아를 사고파는 일은 불법이에요.

잔점박이물범
PHOCA VITULINA

- **서식지** : 북해와 발트해, 북태평양, 북대서양
- **몸길이** : 암컷 약 1.2~1.6미터, 수컷 약 1.3~1.9미터
- **몸무게** : 암컷 약 45~80킬로그램, 수컷 약 80~120킬로그램
- **먹이** : 주로 오징어와 조개
- **기대 수명** : 약 15~20년
- **멸종 위기 등급과 야생 개체 수** : 최소 관심, 약 32만 마리

고래와 돌고래

고래와 돌고래는 모두 고래목에 속하는 포유류예요. 고래는 전 세계 바다를 누비며 짝짓기를 하고, 먹이를 잡아먹고, 새끼를 낳아 기르는 지능 높은 동물이지요. 이빨 대신 '고래수염'을 가진 수염고래류는 오징어와 갑각류 같은 무척추동물을 먹고 살아요. 반면 돌고래 같은 이빨고래류는 고래수염이 아니라 이빨이 있어서 비교적 큰 먹잇감을 잡아먹지요. 고래 종의 약 90퍼센트가 이빨고래예요.

짧은부리참돌고래들이 힘을 합쳐 거대한 공 모양으로 모인 전갱이 떼를 사냥하고 있어요.

여과 섭식

흰긴수염고래와 혹등고래 같은 수염고래류는 '여과 섭식'을 해요. 거대한 입을 벌려 바닷물을 잔뜩 들이마신 뒤 입안의 고래수염으로 플랑크톤, 크릴새우 그리고 그 밖의 먹이를 걸러 내 먹고 물은 바깥으로 다시 내보내지요.

새끼 혹등고래는 매일 500리터도 넘는 어미 젖을 먹어요.

짧은부리참돌고래
DELPHINUS DELPHIS

- 서식지 : 대서양과 태평양, 인도양, 지중해 같은 따뜻한 바다
- 몸길이 : 약 1.7~2.3미터
- 몸무게 : 약 80~110킬로그램
- 먹이 : 작은 물고기와 오징어, 문어
- 기대 수명 : 약 40년
- 멸종 위기 등급 : 최소 관심

알고 있나요? 흰긴수염고래는 지구에서 살아가는 동물 가운데 가장 크고 무거운 동물이에요. 다 자라면 몸길이가 33미터, 몸무게가 179톤에 이르기도 해요.

돌고래는 대개 20~30마리 정도가 모여 무리를 이루어요. 따뜻한 바다에 주로 살며 물고기와 오징어를 사냥하지요.

돌고래들은 물고기 떼가 공 모양을 이루도록 한데 몰아요. 그러고 나서 가장자리부터 1마리씩 잡아먹지요.

고래의 의사소통

돌고래를 포함한 이빨고래류는 딸각딸각 초음파 소리를 내보낸 뒤 물체에 부딪혀 돌아오는 초음파를 통해 서로 위치를 확인하고 먹잇감을 찾아요. 고래는 소리로 이야기를 나누기도 해요. 수컷 혹등고래는 노래처럼 길고 복잡한 소리를 내는데, 그 이유는 아직도 밝혀지지 않았어요.

범고래는 돌고래 가운데 몸집이 가장 커요. 대개 물고기와 오징어를 사냥하지만 물범, 심지어는 다른 종류의 돌고래나 고래도 공격해요.

박쥐

800종에 이르는 박쥐는 전체 포유류의 약 5분의 1을 차지하고 있어요. 박쥐는 추운 북극과 남극 지방을 제외한 전 세계에서 살아가지요. 포유류 가운데 제대로 날 수 있는 동물은 박쥐밖에 없어요. 그 밖에 '나는' 포유류는 날다람쥐처럼 공중에서 날듯이 내려올 뿐이에요.

박쥐다운 식사

박쥐 종의 70퍼센트가 곤충을 먹고 살아요. 1시간에 약 1,000마리의 모기를 먹어 치운 갈색박쥐도 있었지요! 새, 개구리, 도마뱀, 물고기나 다른 박쥐를 사냥해서 먹는 박쥐도 많아요. 흡혈박쥐는 소, 말, 양의 피를 빨아 먹어요. 그리고 날여우라고도 불리는 몸집이 큰 과일박쥐는 꿀과 꽃가루, 과일을 먹고 살지요.

열대아메리카위흡혈박쥐는 전 세계에서 몸집이 가장 큰 육식 박쥐예요. 새와 포유류를 먹고 살지요.

불독박쥐는 낚시하는 박쥐예요. 날카로운 발톱으로 호수나 강에서 물고기나 곤충을 낚아채지요.

박쥐의 감각

박쥐는 시력이 좋고 후각도 뛰어나요. 그렇지만 박쥐는 대부분 초음파를 내보낸 뒤 물체에 부딪혀 돌아오는 초음파를 귀로 듣고 물체의 위치와 크기, 모양을 정확하게 알아내 먹이를 찾아요.

박쥐는 거꾸로 매달린 뒤 공중으로 떨어지면서 날 수 있어요. 이렇게 날면 새처럼 위로 날아오르는 것보다 에너지가 적게 들어요.

알고 있나요? 세계에서 가장 무거운 박쥐는 필리핀에 서식하는 황금모자과일박쥐예요. 몸무게가 약 1.2킬로그램, 날개 폭은 약 1.7미터나 돼요.

라일날여우박쥐
PTEROPUS LYLEI

서식지 : 동남아시아의 숲
몸길이 : 약 20~25센티미터
날개 폭 : 약 90센티미터
몸무게 : 약 390~480그램
먹이 : 잘 익은 과일과 꽃가루, 꿀
기대 수명 : 약 20년
멸종 위기 등급 : 취약

열대 우림에 사는 박쥐인 날여우는 보통 박쥐들과 달리 눈으로 보고 코로 냄새를 맡아서 먹을 만한 꽃과 과일을 찾아내요.

박쥐 날개는 가느다란 뼈를 팽팽하게 감싸고 있는 얇은 피부예요. 박쥐는 이 날개로 몸을 감싸 따뜻하게 잠을 자요.

수달

수달은 오소리, 울버린, 족제비와 함께 족제빗과에 속해요. 오스트레일리아와 남극 대륙을 제외한 전 지역에서 볼 수 있는 육식 동물이지요. 유선형의 얇은 몸통에 짧은 다리, 물갈퀴가 달린 발 그리고 힘이 센 꼬리가 특징이에요.

조개 깨기 선수

바다에 사는 수달인 해달은 도구를 사용하는 몇 안 되는 포유류 가운데 하나예요. 해달은 배영 자세로 물에 누워 가슴 위에 납작한 돌을 올리고는 조개를 내리쳐 껍데기를 부수고 조갯살을 꺼내 먹어요.

수달은 민물과 물가에 서식해요.

수달은 다양한 울음소리와 휘파람 소리로 의사소통을 해요.

해달은 몸무게가 최대 45킬로그램까지 나가요. 두껍고 빽빽한 털이 나 있어서 추운 바다에서도 따뜻하게 지낼 수 있지요.

알고 있나요? 해달은 최대 100마리까지 무리를 지어 잠을 자요. 물에 떠내려가지 않기 위해 서로 앞발을 맞잡고 해초를 몸통에 두르지요.

수달
LUTRA LUTRA

- **서식지** : 유럽과 북아프리카, 아시아의 호수와 강, 바닷가
- **몸길이** : 약 63~75센티미터
- **몸무게** : 약 5.8~10킬로그램
- **먹이** : 물고기와 개구리, 게
- **기대 수명** : 약 15년
- **멸종 위기 등급과 야생 개체 수** : 준위협, 최대 약 36만 마리

수달의 습성

수달은 주로 물고기를 잡지만 작은 동물이라면 마다하지 않고 뭐든 먹어요. 해달을 제외한 모든 수달 종이 낮과 밤, 물속과 땅 위를 가리지 않고 사냥하지요. 수달은 대부분 영역을 지키려는 성향이 강해서 냄새나는 배설물을 쌓아 영역을 표시해요.

수달은 머리꼭지가 편평한 데다 눈과 코가 두개골 높이 자리 잡고 있어요. 수달이 헤엄칠 때면 물 위로 납작한 머리꼭지만 보이지요.

수달은 길고 민감한 수염의 촉감으로 먹이를 찾아내요.

멸종 위기 종인 자이언트수달은 수달 종 가운데 몸이 가장 길어요. 남아메리카에 사는데, 몸길이가 최대 1.8미터 가까이 되지요.

몽구스

몽구스는 아프리카와 서아시아, 남유럽, 동남아시아, 인도에 사는 작은 포유류예요. 족제비와 비슷하게 생겼지만 사향고양잇과로 분류되기도 하지요. 몽구스는 주로 작은 포유류와 새, 파충류, 곤충, 알을 먹지만 때때로 과일도 먹는 잡식 동물이에요.

미어캣은 감각이 예민하고 반사 신경이 빨라서 사냥을 잘해요.

미어캣은 주로 곤충을 잡아먹지만 전갈, 도마뱀, 뱀 그리고 작은 새도 사냥하고 때로 과일을 먹기도 해요.

미어캣은 건조한 남아프리카 기후에 적응해 살아가는 몽구스예요. 최대 30마리까지 무리를 지어 살지요.

무리 생활 또는 단독 생활

몽구스는 대부분 단독 생활을 해요. 하지만 미어캣과 줄무늬몽구스처럼 무리를 이루기도 하지요. 무리를 지어 살면 자연스럽게 은신처 만들기, 사냥, 새끼 키우기와 돌보기 그리고 포식자가 다가오는지 망보기와 같은 다양한 일들을 나눠서 하게 돼요.

줄무늬몽구스가 망을 보고 있어요. 주변에 독수리나 자칼 같은 포식자들이 나타나면 무리의 다른 개체들에게 재빨리 알리지요.

알고 있나요? 몽구스는 독사의 독에 어느 정도 면역력을 가지고 있어요. 몸무게가 5킬로그램인 몽구스는 맹독을 가진 코브라에게 물려도 아무렇지 않지요!

미어캣
SURICATA SURICATTA

- 서식지 : 남아프리카의 사막
- 몸길이 : 꼬리를 포함해 약 50센티미터
- 몸무게 : 약 1킬로그램
- 먹이 : 곤충과 거미, 파충류, 작은 새
- 기대 수명 : 약 8년
- 멸종 위기 등급 : 최소 관심

몽구스는 땅을 파기에 적합한 길고 날카로운 발톱으로 땅속에 은신처를 만들고 그곳에서 잠을 자고 새끼를 낳아요.

타고난 킬러

한때 세계 곳곳에 쥐가 지나치게 많아지자 너도나도 쥐를 잡아 줄 몽구스를 수입해 갔어요. 하지만 몽구스는 쥐뿐만 아니라 그 지역의 야생 동물까지 사냥했지요. 지금은 많은 나라가 몽구스를 들이지 못하게 법으로 막고 있어요.

노랑몽구스가 운 좋게 새를 잡았어요. 평소에는 주로 곤충, 거미 그리고 전갈을 먹지요.

미어캣의 다리는 은신처 속에서도 움직일 수 있을 만큼 짧아요. 하지만 미어캣은 최고 시속 48킬로미터로 달릴 정도로 빠르지요.

제2장 포유류(잡식 동물과 초식 동물)

잡식 동물과 초식 동물

어떤 포유류는 고기와 식물을 모두 먹어요. 이러한 잡식 동물은 뛰어난 적응력으로 다양한 먹이를 먹으며 혹독한 자연에서 살아남지요. 한편 초식 동물은 잎, 풀, 꽃, 나무껍질 같은 식물의 여러 부분을 먹고 살아요.

사바나얼룩말
EQUUS QUAGGA

- 서식지 : 아프리카 동남부의 숲과 초원, 관목 지대
- 몸길이 : 약 2.2~2.5미터
- 몸무게 : 약 175~385킬로그램
- 먹이 : 풀과 키 작은 식물
- 기대 수명 : 약 25년
- 멸종 위기 등급과 야생 개체 수 : 준위협, 약 15만~25만 마리

알고 있나요? 하마는 하룻밤 사이에 풀을 70킬로그램 가까이 먹어 치울 수도 있어요. 하지만 잡식성이라서 임팔라 같은 동물을 잡아먹기도 해요.

다양한 먹이

잡식 동물은 초식 동물보다 먹이를 더 다양하게 먹어요. 계절마다 제철 먹이를 먹고, 한 가지 먹이를 다 먹어 치우면 다른 먹이를 대신 먹지요.

얼룩말과 누는 초식 동물이에요. 풀을 뜯어 먹고 사는 동물은 날카로운 앞니로 식물을 뜯어낸 다음 크고 넓적한 어금니로 식물을 씹지요.

오소리는 과일이 많을 때면 제철 과일을 배불리 먹어요. 비가 올 때는 지렁이를 잡아먹고, 작은 포유류도 때때로 잡아먹지요.

소화는 어려워!

식물은 소화시키기 어려운 먹이예요. 토끼 같은 동물들은 자신의 배설물을 먹어서 이 문제를 해결해요. 먹이를 2번 소화시켜 영양분을 최대한 많이 흡수하는 거예요. 또 어떤 초식 동물들은 긴 시간을 들여 음식물을 천천히 소화시켜요.

사람이 음식물을 소화시키는 데는 대략 1~3일이 걸려요. 반면 나무늘보가 먹이를 소화시키려면 몇 주가 걸리기도 해요.

코끼리

5,600만 년 전부터 진화한 코끼리는 아프리카코끼리류와 아시아코끼리류로 나뉘어요. 어떤 부류에 속하든 코끼리는 암컷 코끼리들과 새끼들이 모여 살지요. 나이가 많은 암컷 코끼리는 우두머리가 되어 무리를 이끌고, 다 자란 수컷 코끼리는 수컷들만의 무리에 들어가거나 혼자 살아가요.

아프리카코끼리? 아시아코끼리?

아프리카코끼리는 육상 동물 가운데 몸집이 가장 커요. 몸무게가 11톤이나 나가는 수컷 코끼리도 있었지요. 아시아코끼리는 그보다 몸집과 귀가 작아요. 아시아코끼리는 등뼈가 평평하거나 불룩한 반면 아프리카코끼리는 등뼈의 가운데 부분이 움푹 꺼져 있지요.

새끼 코끼리가 세상에 나오려면 다른 육상 포유류보다 더 오랜 시간이 걸려요. 어미 코끼리는 새끼를 22개월 동안 품고 있어야 하지요.

코끼리는 앞니, 그러니까 엄니로 나무뿌리를 파내고 껍질을 벗겨 내요. 입 안쪽에 난 4개의 거대한 어금니로는 먹이를 잘게 부수지요.

코끼리는 무더운 날이면 귀를 부채처럼 펄럭여 더위를 식혀요. 코끼리마다 귀의 모양과 크기가 다르지요.

아시아코끼리
ELEPHAS MAXIMUS

서식지 : 남아시아의 숲과 관목 지대
몸길이 : 약 5.5~6.5미터
몸무게 : 약 3~5톤
먹이 : 풀과 나뭇잎, 열매, 관목, 나무껍질
기대 수명 : 약 70년
멸종 위기 등급과 야생 개체 수 : 위기, 약 5만 마리

코로 할 수 있는 일

코끼리의 윗입술과 코가 아주 오랜 시간 동안 점차 늘어나 지금의 코끼리 코가 되었어요. 코끼리의 코는 무척 예민하고, 다양한 일을 할 수 있지요. 먹잇감을 나르고 물을 빨아올려 내뿜고 흙먼지를 뿌릴 수도 있어요. 촉감을 느끼고 무언가를 만지는 데에도 코가 쓰이지요.

코끼리는 코로 흙먼지를 빨아들여 어깨와 등 위로 내뿜어요. 흙먼지가 강한 햇빛과 벌레를 막아 주기 때문이에요.

1미터도 넘는 코끼리의 꼬리 끝에는 길고 두꺼운 털이 나 있어요. 코끼리는 꼬리를 파리채처럼 흔들어 벌레를 쫓지요.

코끼리의 코는 아주 복잡한 신체 기관이에요. 갓 태어난 새끼 코끼리가 자신의 코를 능숙하게 쓰려면 1년이나 걸리지요!

알고 있나요? 코끼리의 코에는 근육이 약 4만 개 정도 있어요. 반면 사람의 몸은 600개 정도의 근육으로 이루어져 있지요.

코뿔소

코뿔소는 육상 동물 가운데 코끼리 다음으로 몸집이 커요. 크고 단단한 몸통을 둘러싼 피부는 두꺼운 데다 거칠고, 코 위에는 1~2개의 뿔이 나 있지요. 코뿔소에는 5종이 있는데, 흰코뿔소와 검은코뿔소는 아프리카에, 인도코뿔소, 자바코뿔소 그리고 수마트라코뿔소는 아시아에 살아요.

검은코뿔소는 남아프리카의 관목 지대에 살아요. 잔가지, 새순 그리고 나뭇잎을 먹고 살지요.

코뿔소의 의사소통

코뿔소에게 가장 중요한 감각은 후각이에요. 코뿔소는 냄새의 정보를 처리하는 데 뇌의 가장 큰 부분을 사용하고, 냄새나는 배설물로 영역을 표시하지요. 코뿔소는 소리로도 의사소통을 하는데, 꽥액, 힝힝, 으르렁, 음매 같은 소리로 다양한 뜻을 전달해요.

코뿔소는 피부가 두껍고 털이 없어서 몸이 햇볕에 쉽게 뜨거워져요. 그럴 때면 진흙에 뒹굴며 몸을 식히지요. 진흙을 몸에 묻히면 햇볕에 입는 화상도 막을 수 있어요.

흰코뿔소
CERATOTHERIUM SIMUM

- **서식지**: 아프리카 북동부와 남부의 초원
- **몸길이**: 약 3.8~5미터
- **몸무게**: 약 1.8~2.7톤
- **먹이**: 풀과 키 작은 식물
- **기대 수명**: 최대 50년
- **멸종 위기 등급과 야생 개체 수**: 준위협, 약 1만 8,000마리

알고 있나요? 코뿔소는 덩치가 무척 크지만 행동은 민첩해요. 특히 검은코뿔소와 인도코뿔소는 빠르게 달리기를 즐기고 최고 시속 55킬로미터로 달릴 수도 있어요.

코뿔소 뿔에 얽힌 미신

코뿔소는 5종 모두 멸종 위기에 놓여 있어요. 어떤 사람들은 코뿔소의 뿔을 가루로 만들어 먹으면 병이 낫는다고 믿는데 전혀 사실이 아니에요. 하지만 수많은 코뿔소가 사람들의 잘못된 믿음과 미신 때문에 목숨을 잃었고 코뿔소 뿔이 불법으로 사고팔리고 있어요.

코뿔소는 컵처럼 생긴 커다란 귀를 자유자재로 움직여 사방에서 나는 소리를 들을 수 있어요. 코뿔소는 잠을 잘 때도 소리를 잘 듣지요.

환경 운동가들이 일부러 이 인도코뿔소의 뿔을 잘랐어요. 뿔이 없으니 더 이상 밀렵꾼들의 표적이 되지 않겠지요.

코뿔소의 뿔은 '케라틴' 성분으로 이루어져 있어요. 케라틴은 우리의 머리카락과 손톱을 구성하는 단백질이에요.

코뿔소는 눈이 작고 시력도 좋지 않아요. 가까운 거리는 잘 보지만 30미터 이상 떨어진 움직이지 않는 대상은 알아보지 못해요.

33

기린

기린은 육상 포유류 가운데 키가 가장 커요. 키가 5.7미터까지 자란 기린도 있지요. 기린은 암컷을 중심으로 가족을 이루어 아프리카 사하라 사막 이남의 사바나에서 살며 나무 꼭대기의 잔가지와 나뭇잎을 주로 먹어요. 기린은 9개의 아종으로 분류되는데, 각 아종은 털무늬로 구분할 수 있어요.

기린은 수컷과 암컷 모두 뻣뻣한 털로 덮인 짧은 뿔 1쌍이 머리에 나 있어요. 수컷 기린은 이 뿔로 서로를 들이받으며 싸워 서열을 가려요.

기린은 키가 엄청 클 뿐 아니라 눈도 커서 누구보다도 멀리 그리고 넓게 볼 수 있어요.

사람마다 지문이 다 다르듯 기린의 무늬도 저마다 달라요.

34

우아한 모습

새끼 기린은 태어난 지 20분이면 제 발로 일어서요. 기린은 일생 대부분을 선 채로 보내고, 심지어 잠도 서서 자요. 기린은 시속 50킬로미터로 질주하는 모습도 우아해요. 하지만 다리가 목보다 짧기 때문에 물을 마시려면 다리를 벌려 목을 수그려야 해요.

기린은 물을 마신 뒤 다시 몸을 일으키는 데 시간이 걸려요. 이때 포식자에게 공격당하기 쉽지요.

기린은 50센티미터에 이르는 혀로 나무줄기를 잡아채 이빨로 나뭇잎을 훑어 먹어요.

기린의 사촌

오카피는 기린과 가까운 사촌으로 분류돼요. 하지만 오카피는 기다란 목 대신 얼룩말의 줄무늬를 가지고 있어요. 오카피는 고기와 아름다운 털 때문에 무분별하게 죽임을 당하다가 심각한 멸종 위기에 놓였어요. 게다가 인간이 숲을 마구 없애는 바람에 오카피의 서식지가 점점 줄어들고 있지요.

열대 우림에 사는 오카피는 꽁무니와 다리의 얼룩말 무늬로 감쪽같이 위장해서 포식자를 속여요.

기린
GIRAFFA CAMELOPARDALIS

- **서식지** : 아프리카 동남부의 사바나와 숲
- **몸높이** : 약 5.5미터
- **몸무게** : 암컷 약 0.7~1.2톤, 수컷 약 1.1~1.9톤
- **먹이** : 나뭇잎과 잔가지, 나무껍질
- **기대 수명** : 약 25년
- **멸종 위기 등급과 야생 개체 수** : 취약, 약 6만 8,000마리

알고 있나요? 기린과 인간은 모두 목뼈가 7개예요. 하지만 기린은 목뼈 1개의 길이가 25센티미터나 돼요.

낙타

낙타에는 혹이 1개인 단봉낙타와 혹이 2개인 쌍봉낙타가 있어요. 2종 모두 가축으로 길들여져 탈것이자 짐꾼으로 쓰여요. 또 낙타를 길러 젖과 고기, 털, 가죽도 얻지요. 특히 단봉낙타는 모두 가축이 되어서 이제 야생에서는 볼 수 없어요. 반면 야생 쌍봉낙타는 아직 중앙아시아에 살고 있지요.

사막에 적응한 낙타

낙타는 덥고 건조한 환경에 잘 적응해 왔어요. 물이 없어도 몇 주나 견딜 수 있고, 사막에서 하루에 30킬로미터 넘게 걸어도 더위를 먹지 않지요. 밤에 사막의 기온이 떨어져도 덥수룩한 털 덕분에 몸이 따뜻하게 유지돼요.

단봉낙타는 서아시아와 북아프리카 곳곳에 살아요.

야생 쌍봉낙타
CAMELUS FERUS

- **서식지** : 몽골과 중국의 사막과 건조한 평야
- **몸길이** : 약 2.3~3.5미터
- **몸무게** : 약 300~690킬로그램
- **먹이** : 풀
- **기대 수명** : 약 40년
- **멸종 위기 등급과 야생 개체 수** : 위급, 약 950마리

알고 있나요? 낙타는 화가 나거나 겁에 질리면 위 속 내용물을 게워 상대방에게 뱉어요. 소화가 덜 된 먹이에서 나는 냄새가 엄청 지독하지요.

낙타와 가까운 동물들

남아메리카에는 낙타와 사촌인 동물들이 살고 있어요. 하지만 이 동물들은 낙타와 달리 혹이 없어요. 과나코와 비쿠냐는 사막과 고지대에서 야생 동물로 살아요. 반면 라마와 알파카는 가축으로 사육되면서 짐을 실어 나르거나 우유, 고기, 부드러운 털을 제공하지요.

과나코는 생존력이 뛰어나요. 세상에서 가장 건조한 사막인 아타카마 사막에서는 물론 해발고도가 4,000미터 가까이 되는 곳에서도 살 수 있지요.

귓속에 난 긴 털이 귀 안쪽으로 들이치는 모래를 막아 주지만 낙타가 듣는 데 영향을 주지는 않아요.

낙타는 모래 폭풍을 만나면 콧구멍을 닫아 두고 숨을 쉴 때만 열어요.

낙타는 등에 달린 혹에 물이 아니라 지방을 저장해요. 혹 속의 이 지방은 에너지가 필요할 때마다 분해되어 쓰이지요.

낙타는 발에 발가락 2개가 달린 넓적한 발굽이 있어요. 이렇게 발이 넓적한 덕분에 몸무게가 분산돼 모래에 빠지지 않고 걸을 수 있지요.

유인원

오랑우탄은 유인원 가운데 유일하게 무리를 이루지 않고 단독으로 살아가요. 하지만 새끼 오랑우탄은 6~7살까지 어미와 함께 지내요.

유인원은 꼬리가 없는 영장류예요. 인간을 비롯해 중앙아프리카에 사는 침팬지와 고릴라, 수마트라오랑우탄, 보르네오오랑우탄은 대형 유인원이에요. 긴팔원숭이 20종이 속한 소형 유인원은 몸집이 작고 팔이 유난히 길며 땅에서 두 발로 걷지요.

똑똑한 동물

대형 유인원은 뇌가 발달해 있어서 지능이 높고 기억력이 좋으며 문제 해결 능력이 뛰어나요. 특히 침팬지는 인간 다음으로 도구를 많이 사용하는데, 나뭇가지를 낚싯대처럼 사용해 흰개미 집에서 흰개미를 꺼내 먹고 나뭇가지를 창 모양으로 다듬어 작은 영장류를 사냥하기도 해요. 또 침팬지는 주기적으로 고기도 먹어요. 커다란 뇌를 쓰려면 에너지가 많이 드는데, 고기 속 단백질은 좋은 에너지원이지요.

침팬지가 흰개미 집에 넣었다가 꺼낸 나뭇가지에 달라붙은 흰개미를 핥아 먹고 있어요. 때로 나뭇가지 끝을 갈래갈래 쪼개 흰개미를 더 많이 잡기도 해요.

멸종 위기

인간을 제외한 모든 대형 유인원이 멸종 위기에 놓여 있어요. 고릴라와 오랑우탄은 상황이 특히 심각해요. 서식지 파괴, 무분별한 사냥, 질병 그리고 법으로 금지된 동물 거래 같은 이유로 야생 고릴라와 오랑우탄의 개체 수가 점점 줄어들고 있지요.

이제 야생 마운틴고릴라가 사는 곳은 비룽가산맥과 우간다의 브윈디 국립공원뿐이에요.

오랑우탄은 얼굴에 털이 없어요. 하지만 얼굴을 뺀 다른 부분은 덥수룩한 오렌지색 털로 덮여 있지요.

오랑우탄은 예민한 입술로 과일이 잘 익었는지를 확인해요. 또 입술을 맞부딪치는 소리로 의사소통을 하지요.

보르네오오랑우탄
PONGO PYGMAEUS

- **서식지** : 인도네시아 보르네오섬과 수마트라섬의 열대 우림
- **몸길이** : 암컷 약 1.2미터, 수컷 약 1.4미터
- **몸무게** : 암컷 약 40~50킬로그램, 수컷 약 60~90킬로그램
- **먹이** : 과일과 새순, 나뭇잎
- **기대 수명** : 약 35~45년
- **멸종 위기 등급과 야생 개체 수** : 위급, 약 10만 5,000마리

알고 있나요? 오랑우탄은 팔이 다리보다 약 1.5배 길고 힘도 세요. 수컷은 한쪽 손가락 끝에서 다른 쪽 끝까지 잰 팔 길이가 2미터가 넘기도 해요.

원숭이와 여우원숭이

여우원숭이, 로리스, 갈라고 같은 원원류와 원숭이는 유인원처럼 영장류에 속해요. 높은 곳에 잘 오를 뿐 아니라 인간처럼 네 손가락과 마주 보는 엄지손가락이 있어서 손으로 물건을 잡거나 집어 올릴 수 있지요. 하지만 유인원과 달리 꼬리가 기다랗고 몸집과 뇌가 작아요.

맨드릴개코원숭이는 강한 수컷 한 마리를 중심으로 무리를 지어 살아요. 우두머리 수컷은 얼굴 무늬가 암컷보다 뚜렷하고 화려해요.

원숭이의 세계

원숭이 약 260종이 전 세계에 퍼져 살고 있어요. 중앙아메리카와 남아메리카 열대 우림의 나무 꼭대기에 사는 신세계원숭이류는 자유자재로 움직일 수 있는 긴 꼬리를 나무에 휘감고 나무를 타요. 타마린, 다람쥐원숭이 그리고 마모셋이 신세계원숭이에 속하지요. 구세계원숭이류는 아프리카와 아시아의 숲, 초원, 관목, 늪이나 심지어 도시에서도 살아요. 개코원숭이, 마카크 그리고 랑구르가 대표적인 구세계원숭이예요.

갓 태어난 새끼 안경랑구르는 털이 노란색 또는 오렌지색이에요. 하지만 생후 3~6개월이 되면 탁한 갈색으로 변해요.

멸종 위기 종인 호랑꼬리여우원숭이는 마다가스카르섬의 건조한 숲과 관목 지대에 살아요.

마다가스카르섬의 여우원숭이

'리머'라고도 불리는 여우원숭이는 마다가스카르섬에만 살아요. 몸무게가 30그램 정도로 영장류 가운데 가장 작은 베르트부인쥐리머부터 몸무게가 9.5킬로그램에 달하는 인드리까지 100종이 넘지요. 하지만 안타깝게도 여우원숭이의 약 98퍼센트가 멸종 위기에 처해 있어요.

수컷 맨드릴개코원숭이는 원숭이 가운데 몸집이 가장 커요. 몸길이가 거의 1미터에, 몸무게는 35킬로그램 이상 나가기도 해요.

맨드릴개코원숭이는 냄새, 울음소리 그리고 몸짓으로 의사소통을 해요. 수컷은 날카로운 송곳니를 드러내 적을 위협하지요.

맨드릴개코원숭이
MANDRILLUS SPHINX

- **서식지** : 서아프리카의 열대 우림과 농경지, 초원
- **몸길이** : 약 80센티미터
- **몸무게** : 암컷 약 12~25킬로그램, 수컷 약 50~54킬로그램
- **먹이** : 나뭇잎과 과일, 곤충, 작은 양서류
- **기대 수명** : 약 40년
- **멸종 위기 등급** : 취약

알고 있나요? 바바리마카크는 유일하게 아시아 대륙 밖에서 사는 마카크 종이에요. 유럽에 사는 유일한 야생 영장류이기도 하지요.

유대류

유대류는 '주머니가 있는 포유류'라는 뜻으로, 우리에게 익숙한 캥거루와 코알라가 모두 유대류예요. 새끼 포유류는 대부분 태어난 지 얼마 되지 않아 걷고 심지어 뛸 수도 있어요. 하지만 새끼 유대류는 다 자라지 못한 채 작고 연약하게 태어나요. 그리고 태어나자마자 어미의 새끼주머니로 들어가 그곳에서 더 자라요.

오스트레일리아에 사는 동물

북아메리카와 남아메리카에도 주머니쥐 같은 유대류가 살아요. 하지만 유대류는 대부분 오스트레일리아와 뉴기니에 살고 있어요. 캥거루, 코알라, 웜뱃, 왈라비, 쿼카 그리고 태즈메이니아데빌이 모두 유대류이지요. 이곳의 초기 정착민들이 개, 생쥐, 토끼 같은 동물들을 데려오기 전까지 오랜 기간 동안 유대류는 오스트레일리아에 사는 유일한 포유류였어요.

코알라는 커다란 코로 신선한 유칼립투스 잎의 향과 다른 코알라가 남긴 영역 표시의 냄새를 맡고 가려내요.

붉은캥거루는 유대류 가운데 몸집이 가장 커요. 아직 어린 이 붉은캥거루도 사람 키만큼 자라겠지요. 다 자란 붉은캥거루는 시속 약 55킬로미터로 달리고 한 번에 7미터 이상 멀리 뛸 수 있어요.

새끼 코알라가 어미 코알라의 새끼주머니에 쏙 들어가 있어요.

코알라
PHASCOLARCTOS CINEREUS

- 서식지 : 오스트레일리아 남동부의 숲과 관목 지대
- 몸길이 : 약 60~80센티미터
- 몸무게 : 암컷 약 8.2킬로그램, 수컷 약 10.5킬로그램
- 먹이 : 유칼립투스 잎과 새싹
- 기대 수명 : 약 16~20년
- 멸종 위기 등급과 야생 개체 수 : 취약, 약 33만 마리

제각기 다른 식성

코알라는 주로 유칼립투스 잎만 먹고 살지만 캥거루와 왈라비는 대부분 풀이나 잎이라면 뭐든지 먹어요. 빌비, 반디쿠트 그리고 주머니개미핥기 같은 유대류는 뾰족한 주둥이로 나무껍질이나 흙을 파 곤충을 잡아먹어요. 한편 태즈메이니아데빌은 고기를 먹고 사는 유대류 가운데 몸집이 가장 크지요.

태즈메이니아데빌은 몸집이 강아지와 비슷하지만 작은 캥거루만 한 커다란 먹잇감도 사냥해 먹어요.

코알라의 털은 무척 두껍고 물에 쉽게 젖지 않아서 코알라가 너무 덥지도 춥지도 않게 체온을 유지해 줘요.

알고 있나요? 버지니아주머니쥐는 포유류 가운데 임신 기간이 가장 짧아요. 짝짓기를 하고 평균 12.5일이면 새끼를 낳지요.

설치류

남극 대륙을 뺀 어디에서나 발견되는 설치류는 포유류의 약 40퍼센트를 차지해요. 생쥐, 쥐, 다람쥐, 비버 그리고 호저라고도 하는 산미치광이 같은 동물 1,600여 종이 설치류이지요. 그 가운데 카피바라는 몸집이 가장 큰 설치류예요. 기니피그, 모래쥐, 햄스터처럼 반려동물로 키워지는 설치류도 있어요.

모든 설치류가 그렇듯이 북방청서도 이빨이 계속 자라요. 북방청서는 버려진 사슴의 뿔을 갉아 먹어 이빨이 자라는 데 필요한 칼슘을 얻기도 해요.

습성과 생활

설치류는 이빨이 평생 동안 자라기 때문에 늘 다른 물체에 이빨을 갈고 아주 딱딱한 음식도 잘 먹어요. 시궁쥐, 곰쥐, 생쥐 같은 설치류는 사람이 먹는 음식을 갉아 먹어 병을 퍼뜨리기도 해서 해로운 동물로 분류되기도 해요. 설치류는 포켓고퍼처럼 단독 생활을 하기도 하고, 비버처럼 무리 지어 살기도 해요. 특히 들다람쥐는 거대한 무리를 이루어 살지요.

검은꼬리프레리도그는 들다람쥐의 한 종류예요. 미국 텍사스에서 발견된 한 무리는 약 4억 마리에 이르렀는데, 서식지의 크기가 약 6만 4,000제곱킬로미터였다고 해요.

어디서든 살아남기

설치류는 다양한 서식지에서 살아가요. 레밍은 겨울 평균 기온이 섭씨 영하 34도까지 떨어지는 북극 부근의 툰드라 지역에서 살지요. 반면 캥거루쥐와 모래쥐는 건조하고 혹독한 사막에 적응해 살아가요.

유럽물밭쥐는 유럽 전역에 퍼져 있는데, 강과 하천 가장자리를 따라 둔치에 굴을 만들고 그 안에 살아요.

북방청서
SCIURUS VULGARIS

- 서식지 : 유럽과 아시아의 숲
- 몸길이 : 약 20~22센티미터
- 몸무게 : 약 280그램
- 먹이 : 씨앗과 견과류, 열매, 알, 작은 새
- 기대 수명 : 약 7년
- 멸종 위기 등급 : 최소 관심

알고 있나요? 시궁쥐는 전 세계에서 가장 흔한 야생 포유류예요. 프랑스 파리에는 인구 1명당 약 2마리의 시궁쥐가 살아요.

멧돼지

멧돼지는 지능이 높고 적응력이 뛰어나요. 유럽, 아프리카 그리고 아시아에만 있었는데 이제는 오세아니아와 아메리카 대륙에도 퍼져 살고 있어요. 멧돼지, 혹멧돼지 그리고 부시피그 같은 동물이 모두 멧돼지예요. 굵고 길어서 다부진 몸통, 비교적 짧은 다리 그리고 콧구멍이 크게 나 있는 기다란 원통형 주둥이로 한눈에 알아볼 수 있지요.

> 돼지는 후각이 뛰어나서 땅속에 묻어 놓은 음식도 쉽게 찾아낼 수 있어요. 돼지는 주둥이로 땅을 파고 만지고 느끼지요.

멧돼지의 먹이

멧돼지는 잡식 동물이에요. 식물의 뿌리, 구근, 견과류, 과일 그리고 씨앗을 가리지 않고 정신없이 찾아 먹지요. 또 지렁이, 딱정벌레, 유충, 알, 작은 포유류, 파충류 그리고 양서류도 먹어요.

> 새끼 멧돼지는 줄무늬 털이 몸에 나 있어요. 덕분에 나뭇잎 더미와 구분이 안 되어 포식자의 눈에 잘 띄지 않지요. 이 줄무늬는 태어난 지 5개월 즈음부터 점차 사라져요.

> 혹멧돼지는 머리뼈가 혹처럼 볼록볼록 튀어나와 있어서 붙은 이름이에요. 길게 뻗은 엄니는 30센티미터까지 자라기도 해요.

멧돼지
SUS SCROFA

- **서식지** : 유럽과 아시아, 북아프리카의 숲과 산, 초원
- **몸길이** : 약 1.1~1.8미터
- **몸무게** : 약 50~280킬로그램
- **먹이** : 식물과 열매, 곤충, 알, 작은 동물
- **기대 수명** : 약 10~14년
- **멸종 위기 등급** : 최소 관심

알고 있나요? 오늘날 전 세계에서 사육되는 돼지는 약 8억 5,000만 마리예요. 이 돼지들은 모두 야생 멧돼지의 후손이지요.

멧돼지는 무리를 이루어 살아요. 한 무리는 다 자란 암컷들과 그 암컷들의 새끼 20마리 정도로 이루어져요.

돼지는 눈이 나빠서 먼 곳에 있는 물체를 정확히 보지 못해요. 하지만 청각과 후각이 뛰어나서 물체의 움직임을 잘 알아차리지요.

무시무시한 엄니

수컷 멧돼지는 대개 주둥이에 엄니가 툭 튀어나와 있어요. 이 엄니는 일생 동안 계속 자라지요. 특히 바비루사는 엄니가 코와 눈 사이의 피부를 뚫고 나와 있는데, 자주 갈아 주지 않으면 위로 휘어지면서 자라 머리 위쪽 피부를 뚫을 뿐 아니라 머리뼈를 부술 수도 있어요.

바비루사는 인도네시아 강가의 열대 우림에 사는 멧돼지예요. 휘어진 엄니 2쌍은 수컷에게만 있어요.

제3장 조류
새

조류, 그러니까 새는 앞다리가 날개로 진화한 정온 동물이에요. 전 세계에 약 1만 종의 새들이 있지요. 새는 몸에 깃털이 나 있고 이빨이 없으며 입과 입술 대신 부리가 달린 턱이 있어요. 또 새는 알에서 태어나요. 보통 소리를 내 의사소통을 하는데, 어떤 새들은 흉내를 잘 내기도 하지요.

높이 나는 비행사들

펭귄처럼 나는 능력을 잃어버린 새들도 있지만 많은 새들이 엄청난 거리를 날아다녀요. 어떤 새들은 비행에 너무 적응한 나머지 좀처럼 땅에 내려앉지 않으려 하기도 해요. 나그네알바트로스는 1만 6,000킬로미터가 넘는 거리를 쉬지 않고 날기도 하지요.

나그네알바트로스는 새 가운데 날개 폭이 가장 넓어요. 그 폭이 3.5미터에 이르지요.

호아친
OPISTHOCOMUS HOAZIN

- 서식지 : 남아메리카의 늪과 열대림
- 몸길이 : 약 61~66센티미터
- 날개 폭 : 약 65센티미터
- 몸무게 : 약 820그램
- 먹이 : 식물의 나뭇잎과 새싹
- 기대 수명 : 최대 15년
- 멸종 위기 등급 : 최소 관심

알고 있나요? 북극제비갈매기는 가장 긴 거리를 이동하는 새로, 매년 약 7만 킬로미터 넘게 날아 북극과 남극을 오가요.

호아친은 쌕쌕, 꼬꼬댁 그리고 쉭쉭 시끄럽게 소리를 내면서 의사소통을 해요.

알과 둥지

조류는 단단한 껍데기로 둘러싸인 타원형 알을 낳아요. 알은 일정하고 따뜻한 온도로 품어 줘야 부화하지요. 새는 대부분 둥지에 낳은 알 위에 앉아서 알을 품어요. 이렇게 해서 갓 태어난 새끼 새들은 한동안 둥지에 머물며 부모 새가 물어다 주는 먹이를 받아먹어요. 그러면서 나는 방법과 야생에서 살아남는 기술을 배우지요.

조류는 두 다리로 걷던 육식 공룡에서 진화했어요. 공룡의 비늘이 조류의 깃털이 되었지요.

새끼 대륙검은지빠귀들이 아빠 새가 가져온 먹이를 받아먹으려 입을 벌려요. 알을 품어 부화시키는 건 엄마 새이지만, 새끼 새를 먹이는 일은 엄마 새와 아빠 새가 함께해요.

49

올빼미

올빼미목 새들은 맹금류, 그러니까 육식 조류로 남극 대륙과 그린란드를 제외한 거의 모든 지역에서 살아요. 곤충을 잡아먹는 조그마한 선인장올빼미부터 노루만 한 사냥감도 잡는 수리부엉이, 그리고 나무 구멍에 알을 낳는 소쩍새까지 약 200종이 있지요. 올빼미목 새들은 단독 생활을 하며 대부분 밤에만 활동해요.

야행성인 올빼미는 거대한 두 눈으로 최대한 빛을 많이 받아들이며 사냥에 나서요. 두 눈은 작은 움직임도 예민하게 알아채지요.

올빼미의 슈퍼 파워

올빼미는 정면을 바라보는 커다란 두 눈으로 머리를 270도까지 돌려 거의 사방을 볼 수 있어요. 청력도 뛰어난 데다 매우 조용히 날기 때문에 작은 포유류가 땅에서 바스락거리는 희미한 소리도 들을 수 있지요.

올빼미는 날카로운 갈고리발톱이 달린 힘센 발로 작은 동물을 낚아채서 죽여요. 발바닥 피부가 거칠고 울퉁불퉁해서 사냥감을 좀 더 꽉 잡을 수 있어요.

칡부엉이는 머리 위로 기다란 귀가 튀어나와 있는 것처럼 보여요. 하지만 그건 귀가 아니라 깃털이에요. 칡부엉이는 그 깃털 덕분에 더 크고 위협적으로 보이지요.

가면올빼미
TYTO ALBA

서식지 : 거의 전 세계의 초원과 농경지, 관목 지대
몸길이 : 약 33~39센티미터
날개 폭 : 약 80~95센티미터
몸무게 : 약 260~555그램
먹이 : 작은 포유류와 양서류, 도마뱀, 곤충
기대 수명 : 약 4년
멸종 위기 등급과 야생 개체 수 : 최소 관심, 최소 400만 마리

남의 집이 최고!

올빼미는 대부분 자기 둥지를 직접 만들지 않아요. 다른 새들이 지은 오래된 둥지를 쓰거나 속이 빈 나무 안에 알을 낳거든요. 몇몇 종들은 외양간 지붕 안에서 새끼들을 키워요. 절벽에 튀어나온 바위나 움푹 꺼진 땅, 땅굴도 마다하지 않고 찾아 들어가 집으로 삼지요.

북아메리카귀신소쩍새는 구멍이라면 자연물이든 인공물이든 상관없이 둥지로 이용해요.

유난히 푹신푹신한 깃털은 날 때조차 소리를 거의 내지 않아요. 빗살처럼 갈라진 날개 가장자리가 소음을 줄여 주기 때문이에요.

깃털 바로 아래에는 소리에 아주 민감한 귀가 숨겨져 있어요. 올빼미의 귀는 먹잇감이 풀섶을 헤치며 움직이는 소리를 감지할 수 있을 만큼 예민해요.

알고 있나요? 가장 몸집이 큰 올빼미인 물고기잡이부엉이의 날개는 폭이 약 2미터나 돼요. 주로 러시아, 중국 그리고 일본에 살지만 멸종 위기에 놓여 있어요.

독수리

독수리는 자연의 진공청소기예요. 죽은 동물의 사체를 먹어 치우기 때문이지요. 독수리가 없었다면 썩어 가는 동물 사체 속에 있는 치명적인 균 때문에 질병이 퍼졌을 거예요. 하지만 독수리의 위산은 이런 병균을 없앨 정도로 강하지요.

먹이 찾기

독수리는 고기를 먹는 육식성이지만 먹잇감을 사냥해 죽이는 일은 거의 없어요. 썩은 고기를 더 좋아하기 때문이에요. 독수리는 하늘 높이 날면서 뛰어난 후각과 시각으로 죽은 동물을 찾아요. 그러다가 한 독수리가 먹잇감을 발견해 땅으로 내려가면 나머지 독수리들도 재빨리 뒤를 따르지요.

독수리는 유난히 힘센 부리로 먹잇감의 가죽과 살을 찢고 고기 덩어리를 뜯어요.

머리와 목은 깃털이 없기 때문에 먹이를 먹을 때 피가 묻지 않아요.

큰 동물 사체에는 서로 다른 8종의 독수리 약 100마리가 모여들기도 해요. 이때 몸집이 큰 새들이 먼저 먹기 시작하는데, 힘이 세서 사체를 잘 찢기 때문이에요.

왕대머리수리
SARCORAMPHUS PAPA

서식지 : 중앙아메리카와 남아메리카의 숲과 초원
몸길이 : 약 71~81센티미터
날개 폭 : 약 1.7~2미터
몸무게 : 약 3~3.8킬로그램
먹이 : 동물 사체
기대 수명 : 약 20~25년
멸종 위기 등급 : 최소 관심

알고 있나요? 루펠독수리는 가장 높이 나는 새예요. 제트기의 비행 고도인 1만 3,000미터 높이로 날았던 기록이 있지요.

얼굴 옆쪽으로는 피부가 늘어져 주름이 접혀 있어요.

왕대머리수리는 독수리 가운데 가장 화려해요. 목둘레의 피부가 오렌지색, 빨간색, 노란색 또는 보라색을 띠지요.

캘리포니아콘도르는 날개 폭이 약 3미터로 북아메리카에서 가장 넓어요.

멸종 위기에서 살아남기

야생 캘리포니아콘도르는 1987년에 거의 절멸되었어요. 줄어드는 서식지, 밀렵, 무엇보다도 납 중독이 원인이었지요. 인간이 야생 캘리포니아콘도르 몇 마리를 잡아 번식시킨 결과 개체 수가 다시 늘고는 있지만 캘리포니아콘도르는 여전히 세계에서 가장 희귀한 조류 가운데 하나예요.

수리

수리류는 사냥을 하는 맹금류 가운데 몸집이 가장 커요. 크고 힘센 몸통, 폭이 넓은 날개, 끝이 날카롭게 구부러진 부리, 예리한 갈고리 모양의 발톱 그리고 뛰어난 시력이 특징이지요. 수리류는 60여 종이 있는데, 산, 숲, 사막, 초원, 습지 그리고 연안 같은 다양한 서식지에 살며 주로 낮에 포유류, 물고기나 새를 사냥해요.

매서운 눈

수리는 전 세계에서 시력이 가장 좋은 동물 가운데 하나예요. 수리의 눈은 망원경처럼 작동하기 때문에 먼 곳에 있는 대상의 작은 움직임도 잘 포착해요. 300미터 높이에서 비행하면서 3.2킬로미터 떨어진 곳에서 움직이는 토끼를 포착할 수 있고 물속 물고기도 구별할 수 있지요.

날카롭고 갈고리처럼 굽은 부리는 먹잇감의 털이나 깃털을 뽑고 살을 뜯는 데 제격이에요.

흰머리수리는 새나 포유류를 먹기도 하지만 주로 물고기를 잡아먹어요. 탁월한 시력으로 호수나 바닷속에 있는 물고기를 알아보지요.

흰꼬리수리들이 갈고리 모양의 발톱을 단단히 조이며 싸우고 있어요. 수리류는 먹잇감을 차지하기 위해, 서열을 가리기 위해, 또는 암컷을 차지하기 위해 이렇게 싸워요.

알고 있나요? 필리핀독수리는 세계에서 가장 희귀한 수리예요. 야생에서 스스로 번식할 수 있는 암컷과 수컷이 최대 250쌍밖에 남지 않아 심각한 멸종 위기에 처해 있지요.

우리는 한 팀!

중앙아시아에 사는 유목민들은 약 6,000년 이상 수리류를 잡아서 사냥 도우미로 훈련시켜 왔어요. 몽골의 알타이산맥에 사는 카자흐족은 검독수리를 이용해서 여우와 산토끼를 사냥하는데, 카자흐족 어린이들은 12살 정도가 되면 수리와 짝을 이뤄 훈련을 시작해요.

함께 사냥하는 카자흐족 사냥꾼과 수리의 유대 관계는 30년 이상 이어지기도 해요.

수리는 눈이 사람보다 4배에서 8배 좋아요. 사람의 눈이 볼 수 없는 자외선도 감지하지요.

흰꼬리수리는 힘센 날개 근육이 몸무게의 3분의 1 이상을 차지해요. 날개 폭도 수리류 가운데 가장 거대하지요.

흰꼬리수리
HALIAEETUS ALBICILLA

- **서식지** : 유럽과 아시아 북부의 호수와 연안
- **몸길이** : 약 80~94센티미터
- **날개 폭** : 약 1.8~2.5미터
- **몸무게** : 수컷 약 3.1~5.4킬로그램, 암컷 약 4~6.9킬로그램
- **먹이** : 포유류와 새, 물고기
- **기대 수명** : 약 25년
- **멸종 위기 등급과 야생 개체 수** : 최소 관심, 약 2만~6만 마리

뽐내는 새들

어떤 새들은 복잡한 노래를 불러 세력권을 알리거나 짝짓기 상대에게 매력을 뽐내요. 또 어떤 새들은 눈에 띄기 쉬운 화려한 깃털과 과장된 행동으로 신호를 보내요. 새의 깃털은 동물 세계에서 눈길을 가장 확실하게 사로잡는 요소 가운데 하나이지요.

> 수컷 공작의 육중한 깃털은 몸무게의 60퍼센트 이상을 차지해요. 건강한 수컷일수록 깃털이 크고 화려하지요.

밀림 속 화려한 깃털

햇빛이 잘 들지 않아 어둑한 밀림에 사는 많은 새들이 눈부시게 화려한 깃털을 이용해 짝짓기 상대를 찾아요. 극락조와 앵무새도 다채롭고 화려한 깃털을 뽐내는 새이지요. 반면 큰부리새는 밝은색을 띤 커다란 부리로 짝짓기 상대의 관심을 끌어요.

> 인도공작이 살던 곳은 남아시아 밀림의 물가예요. 하지만 화려한 깃털이 사람들에게 주목받으면서 전 세계 곳곳의 공원과 동물원 들이 앞다투어 수컷 인도공작을 들여와 전시했지요.

> 남아메리카에 사는 토코투칸은 큰부리새과의 새예요. 거대한 주황빛 부리는 최대 23센티미터로, 몸 표면적의 30~50퍼센트를 차지하지요.

인도공작
PAVO CRISTATUS

- **서식지** : 남아시아 밀림의 물가
- **몸길이** : 암컷 약 1미터, 수컷 약 2미터
- **날개 폭** : 암컷 약 0.8~1.3미터, 수컷 약 1.3~1.6미터
- **몸무게** : 암컷 약 2.8~4킬로그램, 수컷 약 4~6킬로그램
- **먹이** : 곤충과 씨앗, 열매
- **기대 수명** : 약 40년
- **멸종 위기 등급** : 최소 관심

알고 있나요? 공작의 화려한 깃털은 수컷에게만 있어요. 수컷과 달리 암컷은 깃털이 갈색을 띠는데, 그래야 알을 품을 때 포식자에게 쉽게 들키지 않기 때문이에요.

수컷 공작은 깃털 끝에 눈 모양의 인상적인 무늬가 있어요. 공작은 더 화려하게 보이기 위해 깃털을 부채꼴로 활짝 펴고 흔들지요.

독특한 구애

수컷 바우어새는 독특한 구애 행위로 유명해요. 짝짓기 시기가 되면 수컷 바우어새는 마른풀과 잔가지를 엮어 둥지를 짓고 열매와 조개껍데기, 꽃, 돌 같은 물건을 모아서 둥지 앞을 아름답게 장식해요. 암컷 바우어새는 짝을 고르기 전에 수컷 바우어새가 만든 둥지를 둘러보지요.

수컷 새틴바우어새는 파란색이기만 하면 깃털, 꽃잎, 껍데기, 포장지, 병뚜껑을 가리지 않고 뭐든지 가져다가 둥지 앞에 늘어놓아요!

오묘한 초록색 깃털의 밝은 부분은 빛에 따라 은빛에서 푸른빛으로 달리 보이기도 해요.

앵무새

앵무새는 지능이 가장 높은 조류 가운데 하나예요. 도구를 사용하는 종도 있을 정도이지요. 앵무새는 몸길이가 고작 8센티미터밖에 되지 않는 푸른머리발발이앵무부터 몸길이가 1미터에 이르러 가장 큰 히아신스앵무까지 약 320종이 있어요.

매커우는 깃털이 빨간색, 노란색 그리고 파란색으로 아주 밝고 화려해서 어두운 밀림에서도 서로를 쉽게 찾을 수 있어요.

똑같은 깃털 무늬와 색조를 띤 매커우는 단 한 마리도 없어요.

매커우는 발로 먹이를 집어 입으로 가져가요. 매커우의 발은 우리의 손이나 마찬가지예요.

알고 있나요? 뉴질랜드에 사는 카카포는 유일하게 날지 못하는 앵무새인데, 멸종 위기에 놓여 있어요. 개체 수가 조금씩 늘고 있지만 여전히 160마리 정도밖에 되지 않아요.

매커우는 단단하고 날카로운 부리로 견과류의 딱딱한 껍데기를 쪼개고, 나무에 기어오를 때도 부리로 나뭇가지를 꽉 움켜잡아요.

나무 위에서 살기

앵무새는 일생의 대부분을 나무에서 보내요. 숲 바닥에 사는 포식자들과 멀찍이 떨어져 사는 거예요. 다른 앵무새들과 이야기할 때는 꽥꽥 시끄러운 목소리로 요란하게 신호를 주고받고, 대개 나무 높은 곳에 있는 나무 구멍을 둥지로 삼지요.

오색앵무는 오스트레일리아와 몰루카 제도의 숲에 살아요. 주로 열매와 꽃가루, 꿀을 먹고 살지요.

앵무새의 진화와 현재

앵무새는 약 5,900만 년 전부터 진화해 왔어요. 처음에는 고기를 먹고 살았다고 알려져 있지만 지금은 대부분이 견과류와 씨앗, 식물의 눈, 꽃, 꽃가루, 과일을 먹고, 때로는 곤충도 먹지요. 하지만 앵무새는 이제 멸종 위기에 빠진 종이 있을 정도로 위태로워요. 앵무새의 서식지가 점차 사라지고 있을 뿐 아니라 인간에게 잡혀 애완용 새로 사고팔리기 때문이에요.

매년 앵무새 수만 마리가 야생에서 포획되어 애완용 새로 팔려요.

매커우
ARA MACAO

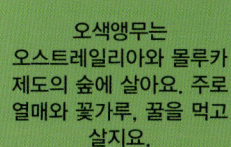

서식지 : 중앙아메리카와 남아메리카의 숲
몸길이 : 약 85~90센티미터
날개 폭 : 약 1미터
몸무게 : 약 0.9~1.5킬로그램
먹이 : 견과류와 씨앗, 과일
기대 수명 : 65년 이상
멸종 위기 등급과 야생 개체 수 : 최소 관심, 약 2만~5만 마리

59

벌새

약 320종에 이르는 벌새는 모두 아메리카 대륙의 고유종이에요. 이 놀랍도록 작디작은 새는 날개를 빠르게 퍼덕이는 모습이 벌과 비슷해 벌새라는 이름이 붙었어요. 벌새는 초당 최대 200번씩 놀라운 속도로 날개를 퍼덕이지요. 벌새는 평균 심박수가 분당 1,200회나 돼요.

붉은굵은꼬리벌새는 멕시코에서 겨울을 지내고 봄이 되면 캐나다 서부와 미국 알래스카에 있는 번식지로 향해요. 다른 어떤 벌새보다도 북쪽으로 멀리 이동하는 새이지요.

암컷 붉은굵은꼬리벌새의 목에는 각도에 따라 주황색 또는 빨간색으로 보이는 깃털이 나 있어요.

붉은굵은꼬리벌새는 양 날개를 활짝 폈을 때 날개 폭은 고작 11센티미터이지만 이 작은 날개로 1년에 2번, 3,200킬로미터를 날아 이동해요.

제자리에 멈춰 있는 벌새는 날개를 너무 빠르게 퍼덕여서 맨눈으로는 제대로 보이지 않을 정도예요.

공중 곡예

벌새는 유일하게 뒤집힌 채 날고 뒤로 후진하며 날 수 있어요. 벌새는 깃털의 수와 발의 크기를 줄이면서 진화해 아주 가벼운 새가 되었고, 최고 시속 54킬로미터로 날 수 있게 되었지요. 하지만 벌새의 발과 다리는 땅을 디디고 걸을 만큼 튼튼하지는 못해요.

붉은굵은꼬리벌새
SELASPHORUS RUFUS

서식지 : 북아메리카와 중앙아메리카의 관목 지대와 숲, 목초지
몸길이 : 약 7~9센티미터
날개 폭 : 약 11센티미터
몸무게 : 약 2~5그램
먹이 : 꿀과 곤충
기대 수명 : 약 3~5년
멸종 위기 등급과 야생 개체 수 : 준위협, 약 2,200만 마리

벌새는 부리가 길고 얇아서 꽃 안을 헤쳐 곤충을 잽싸게 잡아챌 수 있어요. 또 긴 부리를 꽃 안에 박고 1초에 10번도 넘게 혀를 내밀어 꿀을 홀짝이지요.

끝없는 군것질

벌새는 꿀과 꽃가루를 먹고 살아요. 꿀을 먹을 때면 꽃 앞에서 제자리 비행을 하며 끝이 갈라진 긴 혀로 꿀을 빨지요. 벌새는 하루에 대략 2,000송이까지 꽃을 찾아 다니며 먹는데, 제 몸무게의 5배에 이르는 먹이를 먹기도 해요. 게다가 날면서 작은 곤충을 잡아먹기도 하지요.

칼부리벌새 1마리와 검은귀벌새 2마리가 사람이 설치해 둔 먹이통에서 꿀을 먹고 있어요.

알고 있나요? 콩벌새는 새 가운데 가장 작아요. 몸무게가 고작 2그램밖에 나가지 않고 몸길이도 5.5센티미터 남짓이지요.

펭귄

펭귄은 새이지만 수억 년 전에 날 수 있는 능력을 잃어버렸어요. 그사이 펭귄의 날개는 뻣뻣하고 힘센 지느러미 모양으로 진화했지요. 펭귄은 땅에서 걸을 때는 뒤뚱뒤뚱 어설퍼 보이지만 바다에서는 물고기, 오징어, 크릴새우를 뒤쫓아 거침없이 물살을 가르며 헤엄쳐요.

펭귄의 고향

20종 가까이 되는 펭귄 모두가 남반구에 살아요. 그런데 생각보다 많은 펭귄 종이 따뜻한 지역에 살고 있어요. 갈라파고스펭귄은 적도 바로 아래인 남반구의 최북단에서 볼 수 있지요. 추운 남극 대륙에서는 아델리펭귄과 황제펭귄이 서식하고, 턱끈펭귄, 젠투펭귄, 마카로니펭귄도 알을 낳아 새끼 펭귄을 길러요.

황제펭귄은 키가 약 1.2미터로 펭귄 가운데 몸집이 가장 커요. 번식기가 되면 수천 마리가 남극 대륙의 번식지에 모이기도 해요.

잠수와 사냥

펭귄은 먹이를 쫓아 물속으로 뛰어들지만 주기적으로 물 위로 올라와 숨을 쉬어야 해요. 황제펭귄은 수심 535미터까지 잠수해 약 18분을 버티는 최고의 다이빙 선수이지요. 펭귄은 한번 잡은 먹잇감을 놓치는 일이 없어요. 펭귄 입안에 가시들이 목구멍 방향으로 촘촘히 나 있어서 한번 문 먹이를 꽉 잡아 주기 때문이에요.

남부바위뛰기펭귄은 몸집이 작은 편이에요. 펭귄 대부분이 미끄러지거나 뒤뚱거리며 장애물을 넘는 반면 이 펭귄은 발로 점프해 장애물을 뛰어넘어요.

펭귄이 수영하는 모습은 마치 날갯짓을 하는 것처럼 보여요. 목 주변에 황금빛 주황색 깃털이 난 이 펭귄은 킹펭귄이에요.

펭귄은 땅 위에서 짧은 꼬리와 날개로 균형을 잡으며 뒤뚱뒤뚱 걸어요.

펭귄은 물속에서도 눈을 뜨고 먹잇감을 찾아요.

펭귄은 몸 전체가 깃털로 아주 **빽빽하게** 뒤덮여 있어서 차가운 물이 피부에 닿는 일은 없어요. 또 깃털이 공기를 가두어서 펭귄이 물에 잘 뜨게 도와주지요.

유선형 지느러미는 짧고 윤이 나는 깃털로 덮여 있어요. 깃털이 더 길었다면 물속에서 움직이기가 거추장스러워서 수영과 사냥이 힘들었을 거예요.

킹펭귄
APTENODYTES PATAGONICUS

서식지 : 남극 대륙에 가까운 섬과 바다
몸길이 : 약 90센티미터
몸무게 : 약 11~16킬로그램
먹이 : 물고기와 크릴새우, 오징어
기대 수명 : 최대 약 26년
멸종 위기 등급과 야생 개체 수 : 최소 관심, 약 220만 마리

알고 있나요? 수컷 황제펭귄은 겨울 기온이 영하 70도까지 내려가는 남극 대륙에서 알을 발 위에 올려 두고 60일 넘게 품어 부화시켜요.

물새

새들은 물속이나 물가에서도 생활하도록 적응해 왔어요. 펠리컨으로도 불리는 사다새와 도요새, 갈매기, 펭귄은 물새 가운데 바닷새예요. 백로, 따오기, 황새, 플라밍고라고도 불리는 홍학 그리고 두루미는 습지에서 살아가요. 오리와 기러기도 물가에서 자주 볼 수 있지요.

민물 서식지와 바다 서식지

오리와 기러기 그리고 고니는 모두 분류학적으로 가까운 사이예요. 이 새들은 대부분 민물 서식지에서 살지만 몇몇 오리들은 바다에서 살아가지요. 바다 오리는 물고기를 먹고 살다가 둥지를 틀어야 할 때만 육지를 찾아요. 반면 민물 오리는 식물과 무척추동물을 잡아먹으며 살고, 쉴 때면 육지로 올라와요.

홍학은 서식지를 유유히 걸으며 많은 시간을 보내지만 뛰어난 비행 선수이기도 해요. 계절에 따라 먼 거리를 이동하는 종도 있지요.

흰줄박이오리는 몸집이 작은 바다 오리예요. 물 아래로 잠수해 갑각류나 조개를 잡아먹지요.

홍학은 다리 피부가 억세고 비늘로 덮여 있어서 소금기가 아주 많은 호수에서도 살 수 있어요.

바닷새 세상

바닷새 대부분이 거대한 무리를 이루어 보금자리를 꾸려요. 수백에서 수천 마리의 새들이 절벽 틈새나 꼭대기에 모여 살고 해마다 같은 자리로 돌아가지요. 무리를 이루면 시끌벅적하고 고약한 냄새도 나지만 안전하게 지낼 수 있어요. 큰 무리 속에서 지낼수록 새와 알, 새끼 새들이 포식자에게 잡힐 위험이 줄기 때문이에요.

대서양퍼핀은 바닷가 절벽이나 굴속에 보금자리를 만들어요. 오랜 시간 동안 같은 상대와 짝짓기를 하는 새이기도 하지요.

홍학은 '여과 섭식'을 해요. 부리로 물을 빨아들인 뒤 부리 안의 여과 기관으로 새우, 해조류와 다른 먹이를 걸러 먹지요.

수백에서 수천 마리의 꼬마홍학이 케냐의 보고리아호에서 먹잇감을 찾아 먹고 번식도 해요. 포식자들은 소금기가 너무 많은 이 호수에 감히 다가오지 못하지요.

꼬마홍학
PHOENICONAIAS MINOR

- 서식지 : 남아프리카의 호수와 연안, 늪
- 몸길이 : 약 81센티미터
- 날개 폭 : 약 94~99센티미터
- 몸무게 : 약 2.3~2.7킬로그램
- 먹이 : 해조류와 곤충, 작은 갑각류
- 기대 수명 : 약 40~50년
- 멸종 위기 등급과 야생 개체 수 : 준위협, 약 222만~324만 마리

알고 있나요? 갓 태어난 홍학은 깃털이 회색이에요. 하지만 홍학이 주로 먹는 새우와 남조류의 색소 때문에 점점 분홍색으로 변하지요.

주금류

주금류는 날개가 불완전해 날지는 못하지만 다리가 튼튼해 땅 위에서 살아가요. 타조, 에뮤, 화식조, 레아가 모두 주금류예요. 모아, 에피오르니스도 주금류이지만 멸종해 이제는 볼 수 없어요.

세계 곳곳에 사는 주금류

타조는 세계에서 가장 크고 무거운 새로, 아프리카에 살아요. 레아는 남아메리카에, 에뮤는 오스트레일리아에, 화식조는 오스트레일리아와 뉴기니에 살지요. 키위는 뉴질랜드에 사는데, 다른 주금류와 달리 크기가 오리만 해요.

타조는 대개 단독 생활을 하거나 새끼와 둘이 살아요. 하지만 번식기가 되면 거대한 무리를 이루지요.

화식조는 목이 잘 늘어나서 커다란 과일이나 열매도 통째로 삼킬 수 있어요.

타조의 눈은 폭이 약 5센티미터로, 다른 육상 동물의 눈보다 커요. 눈 주변에 난 속눈썹이 큰 눈을 보호해 주지요.

타조
STRUTHIO CAMELUS

- **서식지** : 사하라 사막 이남 아프리카의 초원과 황무지, 반사막
- **몸높이** : 약 2.4미터
- **날개 폭** : 약 2미터
- **몸무게** : 약 155킬로그램
- **먹이** : 씨앗과 풀, 곤충, 도마뱀
- **기대 수명** : 약 30~40년
- **멸종 위기 등급** : 최소 관심

제4장 파충류와 양서류
파충류와 양서류

파충류와 양서류는 모두 등뼈가 있는 척추동물인데, 환경에 따라 체온이 변하는 변온 동물이에요. 파충류와 양서류는 아주 오래전부터 지구에서 살아왔어요. 양서류는 고생대에, 파충류는 중생대에 번성했지요. 중생대에 지구를 누볐던 공룡도 파충류였어요. 오늘날 가장 대표적인 파충류는 도마뱀, 악어, 거북, 뱀이에요. 한편 개구리, 두꺼비, 도롱뇽은 우리가 가장 쉽게 떠올릴 수 있는 양서류이지요.

물에서도 땅에서도 살아가기

'양쪽에서 산다'는 뜻을 가진 양서류는 어릴 때는 물에서 아가미로 숨을 쉬며 살아요. 다 자라면 땅으로 올라가 살지만 물을 완전히 떠나지는 못하지요. 다 자란 양서류는 폐로 충분한 공기를 들이마실 수 없어서 폐와 함께 피부로 숨을 쉬어요. 반면 파충류는 폐로 숨을 쉬고 대부분이 땅 위에서 살아요. 일생을 바다에서 사는 바다거북도 폐로 숨을 쉬지요.

변태

거의 모든 양서류가 '변태'를 거쳐 자라나요. 모습이 여러 단계에 걸쳐 변하고 변해 어릴 때와 전혀 다른 모습으로 자라나는 거예요. 올챙이는 아가미와 꼬리를 갖추고 있어서 부모인 개구리와 전혀 다른 동물처럼 보여요. 하지만 올챙이는 태어난 지 3주가 되면 뒷다리가 먼저 나고, 이어 앞다리가 생겨요. 길게 난 꼬리도 점차 짧아지다가 완전히 사라지지요. 대략 14주가 지나면 올챙이는 작지만 어엿한 개구리의 모습으로 변해요.

'무족 영원류'는 다리와 발이 없어서 지렁이처럼 보이는 양서류예요. 대부분이 축축한 땅속에 살며 바늘처럼 뾰족한 이빨로 곤충, 지렁이, 작은 뱀, 개구리, 도마뱀을 잡아먹지요.

물속에 사는 올챙이는 다리가 없지만 꼬리로 헤엄쳐 이동해요.

파충류 대부분이 알을 낳아요. 파충류의 알은 겉면이 가죽이나 고무처럼 부드럽지요. 여기, 새끼 이구아나 한 마리가 알에서 부화해 나오고 있어요!

이구아나
IGUANA IGUANA

서식지 : 중앙아메리카와 남아메리카의 숲
몸길이 : 약 1.5~2미터
몸무게 : 약 1.2~4킬로그램
먹이 : 나뭇잎과 꽃, 과일
기대 수명 : 약 20년
멸종 위기 등급 : 최소 관심

알고 있나요? 암컷 개구리는 1년에 많게는 약 2만 개의 알을 낳아요. 하지만 알 100개 중에 겨우 1개 정도만 살아남아 개구리로 자라나지요.

독사

독으로 사냥감을 마비시키거나 죽이는 뱀들을 독사라고 해요. 코브라와 살모사, 방울뱀이 모두 독사이지요. 독사는 위턱에 기다랗고 속이 빈 독니 1쌍이 나 있어요. 독샘에 연결된 이 이빨로 독을 내뿜는데, 평소에 독사는 이 이빨을 뒤로 접어 숨겨 두지요.

독사가 사는 곳

오스트레일리아는 무시무시한 독사들이 가장 많이 사는 곳이에요. 호피무늬뱀, 타이판독사, 코브라붙이 같은 독사가 모두 오스트레일리아에 사는 고유종이지요. 바다에 사는 독사도 있어요. 바다뱀은 따뜻한 인도양과 태평양에 주로 사는데, 물 밖으로 나와 숨을 쉬어야 해요.

바다우산뱀은 강렬하고 화려한 줄무늬로 자신이 맹독을 가진 독사라는 것을 알려요.

독사는 대개 먹잇감의 체온을 감지하는 신체 기관이 있어요. 하지만 숲살모사에게는 이 신체 기관이 없어요.

숲살모사
ATHERIS SQUAMIGERA

- 서식지 : 서아프리카와 중앙아프리카의 숲
- 몸길이 : 약 46~60센티미터
- 몸무게 : 약 400~650그램
- 먹이 : 설치류와 새, 파충류, 양서류
- 기대 수명 : 약 12~20년
- 멸종 위기 등급 : 최소 관심

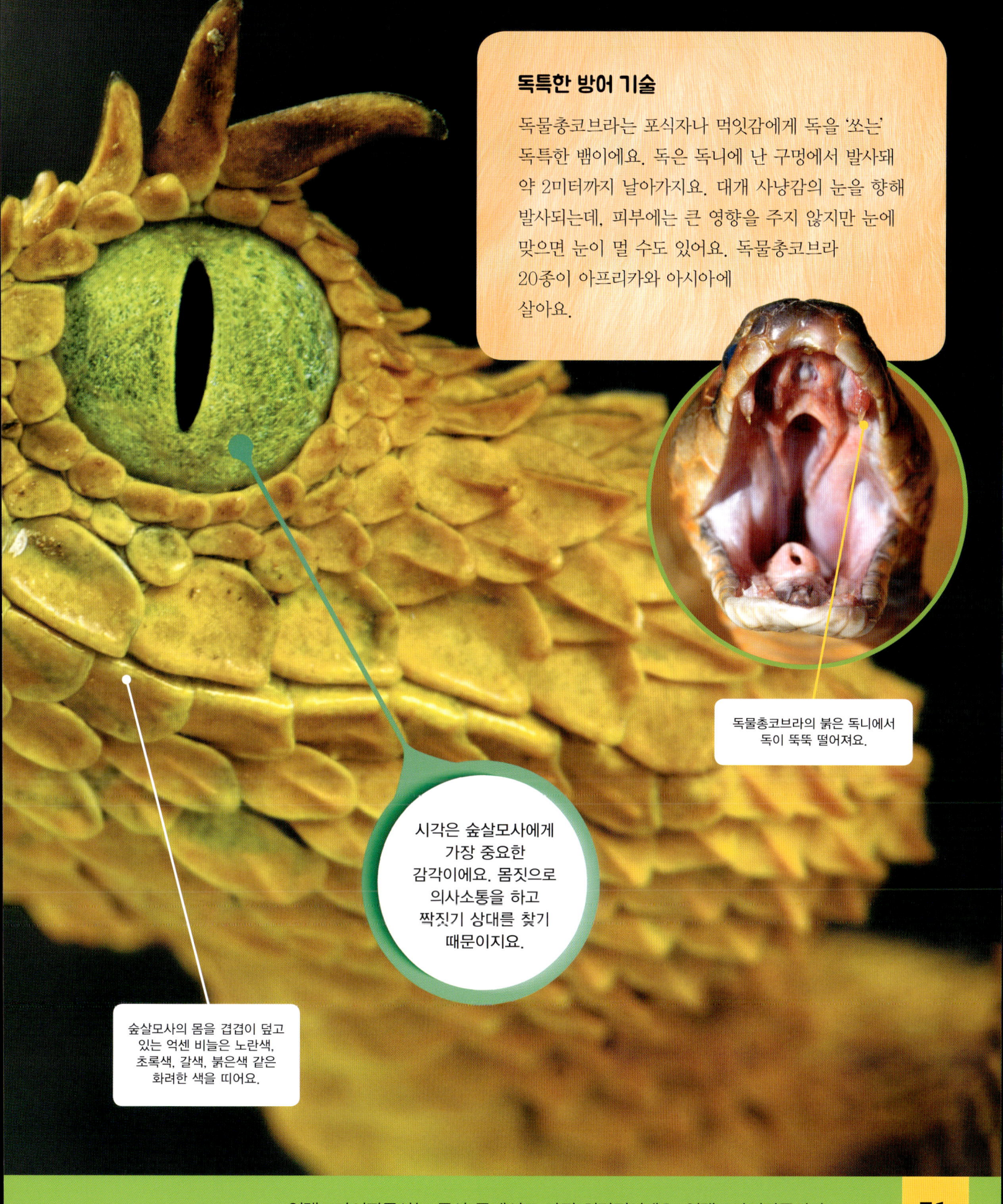

독특한 방어 기술

독물총코브라는 포식자나 먹잇감에게 독을 '쏘는' 독특한 뱀이에요. 독은 독니에 난 구멍에서 발사돼 약 2미터까지 날아가지요. 대개 사냥감의 눈을 향해 발사되는데, 피부에는 큰 영향을 주지 않지만 눈에 맞으면 눈이 멀 수도 있어요. 독물총코브라 20종이 아프리카와 아시아에 살아요.

독물총코브라의 붉은 독니에서 독이 뚝뚝 떨어져요.

시각은 숲살모사에게 가장 중요한 감각이에요. 몸짓으로 의사소통을 하고 짝짓기 상대를 찾기 때문이지요.

숲살모사의 몸을 겹겹이 덮고 있는 억센 비늘은 노란색, 초록색, 갈색, 붉은색 같은 화려한 색을 띠어요.

알고 있나요? 인랜드타이판독사는 독사 중에서도 가장 치명적이에요. 인랜드타이판독사가 한 번 물 때 나오는 독이면 사람 100명이 목숨을 잃을 수도 있어요.

보아

보아는 주로 더운 지방에 사는 큰 뱀들을 아울러 말하는데, 비단구렁이와 아나콘다, 보아가 모두 보아과에 속해요. 보아과의 뱀은 기다랗고 큰 몸으로 먹잇감을 둘둘 감은 다음 꽉 조여서 사냥해요. 이렇게 하면 먹잇감은 몸에서 피가 돌지 못해 산소가 심장과 뇌로 가지 못하고 순식간에 죽고 말지요.

조용한 포식자

뱀은 대부분 사냥에 나서기보다는 숨어서 먹잇감을 기다리는 조용한 포식자예요. 이렇게 잡은 먹이를 배불리 먹고 아주 천천히 소화시켜서 몇 주 동안 아무것도 먹지 않기도 해요. 게다가 뱀은 정온 동물이 아니기 때문에 체온을 유지하는 데에 몸속 에너지를 쓸 일이 없지요. 뱀은 대체로 가만히 쉬면서 에너지를 아껴요.

뱀이 대부분 그렇듯이 초록나무비단뱀도 대개 암컷이 수컷보다 조금 더 커요.

다 자란 육중한 보아는 숲 바닥에 쌓인 나뭇잎 사이에 숨어 먹잇감을 기다려요. 반면 어린 보아는 나무 뒤에 숨어 있다가 먹잇감을 공격하지요.

초록나무비단뱀은 태어난 지 1년쯤 되면 초록색으로 변해요. 태어날 때는 옅은 노란색에 보라색, 갈색, 또는 오렌지색 무늬를 띠고 있지요.

초록나무비단뱀
MORELIA VIRIDIS

서식지 : 오스트레일리아와 파푸아 뉴기니의 열대 우림
몸길이 : 약 1.2~1.8미터
몸무게 : 약 1.1~1.6킬로그램
먹이 : 작은 포유류와 파충류
기대 수명 : 약 15년
멸종 위기 등급 : 최소 관심

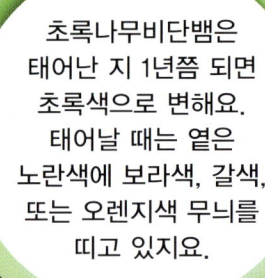

알고 있나요? 동남아시아에 사는 그물무늬비단뱀은 세계에서 가장 큰 뱀으로 알려져 있어요. 몸길이가 9미터 넘는 그물무늬비단뱀이 발견된 적도 있지요.

초록나무비단뱀 같은 비단구렁이는 먹잇감을 조이기 전에 이빨로 먼저 물어서 잡아채요. 하지만 비단구렁이의 이빨에 독은 없어요.

초록나무비단뱀은 나뭇가지 위에 똬리를 튼 뒤 똬리 한가운데 머리를 얹고 쉬어요.

대식가

뱀의 이빨은 먹잇감을 꽉 잡기에는 좋지만 씹기에는 좋지 않아요. 그래서 뱀은 대개 먹잇감을 통째로 삼켜 버려요. 뱀은 턱뼈가 관절이 아니라 인대로 연결되어 있어서 턱을 아주 크게 벌릴 수 있거든요. 세계에서 가장 큰 뱀 가운데 하나인 아나콘다는 사슴을 통째로 먹기도 해요.

아나콘다는 늪과 호수에서 물 위로 눈만 드러낸 채 먹잇감을 기다려요. 이 아나콘다는 방금 사냥한 이구아나를 삼키려 하고 있어요!

73

개구리

개구리는 양서류 가운데 우리가 가장 흔히 볼 수 있는 동물인데, 종마다 크기도 생김새도 제각각이에요. 파푸아 뉴기니의 숲에는 몸길이가 7.7밀리미터밖에 안 되어 가장 작은 척추동물로 기록된 개구리가 살아요. 반면 아프리카에 사는 골리앗개구리는 몸길이가 32센티미터에 이르지요.

대단한 다리 근육

개구리는 대부분 뛰어난 수영 선수이자 멀리뛰기 선수예요. 특히 뒷다리 근육이 무척 잘 늘어나는데, 이 근육은 평소에는 안쪽으로 오그라들어 있어요. 하지만 개구리가 적을 감지해 뒷다리를 뻗으면 뒷다리 근육이 순간적으로 용수철처럼 쭉 늘어나면서 몸을 공중으로 떠밀어요.

개구리는 양쪽 눈 뒤에 크고 예민한 고막이 있어요.

청개구리는 발가락 끝에 끈적끈적한 부분이 있어서 어떤 물건이든 꽉 잡고 기어오를 수 있어요.

개구리는 공중으로 높이 뛰어오르기보다는 수평으로 멀리 뛰어요. 어떤 개구리는 제 몸길이의 50배가 넘는 거리를 뛰지요.

알고 있나요? 코키개구리는 양서류 가운데 가장 시끄러울 거예요. 수컷 코키개구리는 몸길이가 고작 2.5센티미터에서 5센티미터이지만 울음소리는 90데시벨까지 올라가요.

개구리는 음식물을 넘길 때 눈을 깜박여요. 눈을 감으면 눈알이 머리 안쪽으로 밀리는데, 이 힘으로 입속에서 발버둥 치는 벌레를 소화 기관으로 넘기지요.

화려한 속임수

독화살개구리는 중앙아메리카와 남아메리카의 열대 우림에 살아요. 파란색, 빨간색, 오렌지색 또는 노란색처럼 밝고 화려한 색을 띠고 있어 무척 눈에 띄지요. 독화살개구리는 밝은 피부색을 뽐내 자신이 맛이 고약한 먹잇감일 뿐 아니라 치명적인 독을 지니고 있다고 알려요. 황금독화살개구리는 사람 10~20명을 죽일 만큼 강한 독을 지니고 있지요.

개구리는 눈이 툭 튀어나와 있어서 시야가 360도 가까이 돼요. 목이 돌아가지 않기 때문에 넓은 시야가 생존에 무척 중요하지요.

녹화살개구리는 대개 몸집이 작아요. 독화살개구리 가운데 그나마 큰 푸른독개구리의 몸길이도 5센티미터보다 짧아요.

빨간눈청개구리
AGALYCHNIS CALLIDRYAS

- 서식지 : 중앙아메리카와 남아메리카의 열대 우림
- 몸길이 : 암컷 약 7센티미터, 수컷 약 5센티미터
- 몸무게 : 약 6~15그램
- 먹이 : 작은 곤충
- 기대 수명 : 약 5년
- 멸종 위기 등급 : 최소 관심

두꺼비

두꺼비는 피부가 촉촉하고 부드러운 개구리와 달리 우툴두툴하고 건조한 피부를 가졌어요. 개구리는 피부가 항상 젖어 있어야 하는 반면 두꺼비는 피부가 건조하기 때문에 물에서 조금 떨어져 살아도 괜찮지요. 또 두꺼비는 폴짝폴짝 뛰기보다는 어기적어기적 기어 다니고 눈이 그리 심하게 튀어나와 있지 않아요. 두꺼비도 종에 따라 몸집이 아주 달라서 가장 작은 오크토드는 몸길이가 겨우 3.3센티미터 정도이지요.

사탕수수두꺼비는 눈과 코 위쪽을 따라 뼈가 튀어나와 있어요.

꺽꺽 합창단

수컷 두꺼비는 번식기가 되면 물가를 돌아다니며 꺽꺽 울어 짝짓기 상대에게 자신을 한껏 드러내요. 이때 목 바로 아래쪽의 피부가 부풀어 올라 생기는 주머니로 더 크게 울지요. 때로 수컷 두꺼비 수백 마리가 모여 밤새도록 울며 암컷 두꺼비의 관심을 끌기도 해요. 이렇게 요란한 짝짓기 철이 지나면 암컷 두꺼비는 물속에 알을 낳지요.

아프리카토드는 '목쉰 두꺼비'라고도 불려요. 수컷의 울음소리가 마치 쉰 목소리 같아서 붙은 별명이지요. 이 두꺼비는 사하라 사막 이남의 아프리카 지역에서 흔히 볼 수 있어요.

사탕수수두꺼비
RHINELLA MARINA

- **서식지** : 중앙아메리카와 남아메리카, 오스트레일리아의 초원과 관목 지대
- **몸길이** : 약 10~15센티미터
- **몸무게** : 약 1.3킬로그램
- **먹이** : 설치류와 새, 파충류, 양서류, 작은 포유류, 곤충
- **기대 수명** : 약 5~10년
- **멸종 위기 등급** : 최소 관심

도롱뇽

도롱뇽은 몸통이 얇고 다리가 짧은 데다 꼬리가 길어서 도마뱀과 비슷해 보여요. 하지만 도롱뇽은 파충류가 아닌 양서류로, 땅에서도 물속에서도 살 수 있지요. 도롱뇽에는 물속에 사는 영원과의 동물들을 포함해 약 740종이 있어요. 도롱뇽은 척추동물 가운데 유일하게 꼬리나 다리가 잘려도 다시 자라나요.

보기만 해도 무서운 피부

도롱뇽 가운데는 피부색이 유난히 화려한 종이 있어요. 이들 대부분은 독을 분비하지요. 무척 화려한 피부로 자신은 맛이 없을뿐더러 독을 내뿜는다고 위협하는 거예요. 북아메리카에 사는 어떤 도롱뇽은 인간에게 치명적인 맹독인 테트로도톡신을 분비해요.

만다린도롱뇽으로도 불리는 황제영원은 등에 난 오렌지색 돌기로 독을 내뿜어요. 이 독으로 생쥐 7,500마리를 죽일 수 있지요!

노랑무늬영원은 마치 불꽃처럼 보이는 노란 무늬를 띠어요.

도롱뇽은 몸통이 가느다래서 바위, 통나무나 나뭇잎 더미 아래에 몸을 숨길 수 있어요.

도롱뇽은 발가락 피부가 거칠어서 바위나 나뭇잎을 단단히 움켜쥘 수 있어요. 어떤 영원과의 도롱뇽들은 뒷발에 물갈퀴가 달려 있지요.

노랑무늬영원은 혀를 잽싸게 내밀어 지렁이, 민달팽이, 거미 그리고 곤충을 잡아채 먹어요.

노랑무늬영원
SALAMANDRA SALAMANDRA

서식지 : 유럽의 습한 숲
몸길이 : 약 15~30센티미터
몸무게 : 약 18~30그램
먹이 : 지렁이와 민달팽이, 곤충
기대 수명 : 약 24년
멸종 위기 등급 : 최소 관심

도롱뇽이 헤엄치거나 달릴 때면 길고 납작한 꼬리가 좌우로 움직여요.

어린 채로 살기

양서류는 대부분 어린 시절을 물속에서 보내지만 다 자란 성체가 되면 아가미가 사라져 땅에서 살아가요. 하지만 멕시코의 고유종인 아홀로틀은 아가미가 사라지지 않아요. 그래서 평생을 물속에서 살지요. 이처럼 아홀로틀은 희귀한 양서류이지만 환경 오염으로 서식지가 사라지고 있어 멸종 위기에 놓여 있어요.

아홀로틀은 머리 위로 솜털 같은 아가미 6개가 튀어나와 있어요.

알고 있나요? 중국왕도롱뇽은 도롱뇽 가운데 몸집이 가장 커요. 몸길이가 최대 1.8미터까지 자라고 몸무게는 50킬로그램이나 나가기도 해요.

거북

거북은 뼈 또는 연골 재질의 등딱지가 있는 파충류예요. 물에 사는 거북과 땅에 사는 거북으로 나뉘는데, 물에 사는 거북은 다리가 지느러미 형태라 헤엄치기에 적합해요. 반면 땅에서 생활하는 거북은 4개의 짧고 강인한 다리로 걸어 다니지요. 거북도 스스로 체온을 조절하지 못하는 변온 동물이에요.

바다거북은 지구 자기장을 감지해 길과 방향을 찾는다고 알려져 있어요.

육지 거북

땅에 사는 거북은 몸무게가 200그램도 되지 않는 거북부터 몸무게가 400킬로그램이 넘는 갈라파고스땅거북까지 크기가 무척 다양해요. 육지 거북은 사막, 스텝, 늪 그리고 숲처럼 다양한 환경에서 사는데, 너무 덥거나 추운 날씨를 피하기 위해 대개 땅굴을 파고 지내요.

서부상자거북은 반건조 기후가 나타나는 미국 중서부의 초원인 프레리에서 살아요.

숨쉬기

바다에 사는 거북은 보통 5분에서 40분마다 물 위로 올라와 숨을 쉬어요. 하지만 잠을 잘 때는 4시간에서 7시간 정도 물속에 머무르기도 하지요. 민물 거북도 대략 30분마다 숨을 쉬러 물 밖으로 나와요. 악어거북 같은 거북은 몸의 활동을 극도로 줄여 숨도 거의 쉬지 않으며 연못 바닥에서 겨울을 보내기도 해요.

악어거북은 입속에 난 지렁이 모양의 돌기로 물고기를 유인해 잡아먹어요.

푸른바다거북
CHELONIA MYDAS

서식지 : 적도 근처의 따뜻한 바다
몸길이 : 약 1~1.2미터
몸무게 : 약 180~300킬로그램
먹이 : 어릴 때는 바다 무척추동물, 다 자란 뒤에는 주로 해조류
기대 수명 : 약 90년
멸종 위기 등급 : 위기

거북의 딱딱한 등딱지는 뼈가 변형된 형태로, 우리 손톱과 같은 성분인 케라틴 층으로 덮여 있어요. 이 등딱지가 거북의 장기를 보호해 주지요.

푸른바다거북은 바다거북 7종 가운데 장수거북 다음으로 몸집이 커요.

바다거북은 육지 거북과 달리 다리나 머리를 등딱지 안으로 넣지 못해요.

바다거북은 노같이 생긴 앞다리를 지느러미처럼 움직여 앞으로 나아가요. 푸른바다거북은 알을 낳은 뒤 먹을거리가 풍부한 곳을 찾아 2,000킬로미터 넘게 이동하기도 해요.

알고 있나요? 육지 거북은 그 어떤 육지 동물보다 오래 살아요. 2006년에 어느 인도 동물원에서 엘더브라큰거북이 숨을 거두었는데, 그때 나이가 255살로 추정되었어요.

카멜레온

카멜레온은 주로 나무에서 살아가는 특별한 도마뱀이에요. 전 세계에 80여 종이 있는데, 그 가운데 절반 정도가 마다가스카르섬에서 발견되지요. 카멜레온은 피부색을 자유자재로 바꾸는 위장술이 뛰어나다고 알려져 있지만, 피부색을 변화시키는 특별한 세포가 없는 종도 있어요.

따로 움직이는 눈

카멜레온은 동물 중에서 유일하게 눈 2개를 따로 움직일 수 있어요. 한쪽 눈이 뒤를 보는 동안 다른 눈은 앞을 본다니 놀랍지요! 게다가 시야가 거의 360도가 될 만큼 넓어서 아무리 잽싸게 움직이는 사냥감이라도 정확하게 파악할 수 있어요. 카멜레온은 5미터에서 10미터 떨어진 곳에 있는 작은 곤충도 볼 만큼 시력도 좋지요.

카멜레온은 끈끈하고 긴 혀로 곤충을 낚아채 잡아먹어요. 혀를 순식간에 입 밖으로 내었다가 다시 집어넣기 때문에 사람의 맨눈으로는 볼 수 없어요!

알고 있나요? 2021년에 세계에서 가장 작은 카멜레온 '브루케시아나나'가 발견되었어요. 마다가스카르섬에 사는 이 소형 카멜레온은 몸길이가 22밀리미터밖에 되지 않아요.

카멜레온은 소리를 듣기는 하지만 바깥귀도 고막도 없어요. 카멜레온에게는 시각이 청각보다 더 중요한 감각이지요.

시시각각 변하는 피부색

카멜레온은 피부색을 초록색, 파란색, 노란색, 빨간색, 갈색 또는 검은색으로 바꾸며 체온을 조절하고 다른 카멜레온과 의사소통을 해요. 적을 위협할 때나 짝짓기 상대에게 자신을 드러낼 때는 피부색이 밝아지고, 상대에게 항복할 때나 체온이 낮아졌을 때는 어두워지지요.

초록빛 피부색은 카멜레온이 평온한 상태라는 뜻이에요.

카멜레온은 대부분 꼬리를 5번째 다리처럼 써 물건을 쥘 수 있어요. 꼬리로 나뭇가지를 잡고 나무에 오르기도 하지요.

카멜레온은 앞다리에 발가락 5개가 집게처럼 양 갈래로 갈라져 있는데, 안쪽은 발가락 2개, 바깥쪽은 발가락 3개로 이루어져 있어요.

파슨카멜레온
CHAMAELEO PARSONII

서식지 : 마다가스카르섬의 숲
몸길이 : 약 47~68센티미터
몸무게 : 약 700그램
먹이 : 곤충과 작은 무척추동물
기대 수명 : 약 10~12년
멸종 위기 등급 : 준위협

도마뱀

아주 추운 곳을 제외한 전 세계에 3,400종이 넘는 도마뱀이 살아요. 이구아나, 왕도마뱀, 도마뱀붙이, 아놀, 카멜레온 모두 도마뱀이지요. 도마뱀은 보통 4개의 다리, 발톱이 달린 발 그리고 긴 꼬리를 가진 파충류를 가리키지만 다리가 없어 뱀에 가까워 보이는 종도 있어요.

도마뱀의 특식

도마뱀은 종류가 다양한 만큼 먹이도 다양해요. 몸집이 작은 도마뱀붙이는 거미나 귀뚜라미, 파리 같은 곤충을 주로 먹어요. 목도리도마뱀처럼 큰 도마뱀들은 작은 파충류나 포유류도 먹지요. 유일하게 바다에 들어가는 도마뱀인 바다이구아나는 해조류를 뜯어 먹어요. 반면 코모도왕도마뱀은 사슴과 돼지를 잡아먹을 뿐만 아니라 죽은 동물의 사체도 먹지요.

바다이구아나는 머리에 있는 분비샘으로 먹이와 함께 삼킨 바닷물의 염분을 내보내요. 짧은 주둥이와 날카롭고 작은 이빨은 해조류를 먹기에 적합하지요.

동남아시아의 고유종인 토카이도마뱀붙이는 사람들이 사는 집에 들어가 바퀴벌레와 다른 벌레를 잡아먹기도 해요.

바다이구아나
AMBLYRHYNCHUS CRISTATUS

서식지 : 갈라파고스 제도의 바닷가
몸길이 : 약 1.2~1.5미터
몸무게 : 약 0.5~1.5킬로그램
먹이 : 해조류
기대 수명 : 약 5~12년
멸종 위기 등급 : 취약

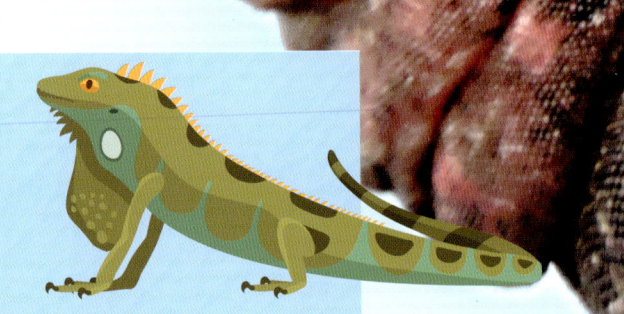

알고 있나요? 코모도왕도마뱀은 도마뱀 가운데 몸집이 가장 커요. 몸길이가 3미터를 넘기도 하고 몸무게는 최대 165킬로그램에 이르지요. 게다가 독을 지니고 있어요.

다양한 방어 전략

목도리도마뱀은 목 주변을 둘러싼 프릴 같은 피부를 활짝 펼치고 입을 크게 벌려 포식자를 겁줘요. 한편 뿔도마뱀은 눈에서 피를 내뿜어 포식자를 물리치지요. 하지만 도마뱀 대부분은 위험할 때면 일단 도망치는데, 그때 자기 꼬리를 떼어 내기도 해요. 포식자가 꿈틀대는 꼬리를 보는 사이에 멀리 도망가는 거예요.

바다이구아나의 어두운 피부색은 갈라파고스 제도에 많은 검은 화산암과 어우러져 보호색이 되어 줘요.

아르마딜로도마뱀은 포식자가 다가오면 자기 꼬리를 물어 몸을 공처럼 말고 가시 달린 두꺼운 비늘로 스스로를 지켜요.

바다이구아나는 여름이면 피부가 붉은색으로 얼룩덜룩해져요. 바다이구아나가 여름에 먹는 해조류에 든 색소 때문이에요.

85

악어

악어는 공룡이 살았던 중생대에 처음 나타나 아주 오랫동안 진화해 왔어요. 크로커다일, 앨리게이터, 카이만 그리고 가비알 같은 동물이 모두 악어목에 속하지요. 악어는 따뜻한 지역의 하천이나 호수, 습지에 주로 살면서 물속과 그 주변에서 생활해요. 인도악어는 바다에서 살기도 하지요.

사람도 공격하는 악어

악어는 파충류 가운데 몸집이 가장 큰 데다 성격도 포악해서 무엇이든 공격해 먹어 치워요. 인도악어는 무는 힘이 무척 세서 거북, 바다뱀 그리고 상어 같은 바다 동물은 물론 원숭이와 사슴, 캥거루, 물소, 영양 같은 육상 동물도 사냥하지요. 심지어 사람도 잡아먹어요. 매년 사람 수백 명이 악어에게 공격을 당하는데, 대개는 죽거나 크게 다치고 말지요.

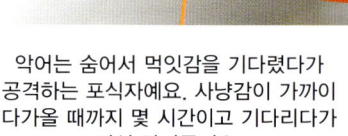

악어는 숨어서 먹잇감을 기다렸다가 공격하는 포식자예요. 사냥감이 가까이 다가올 때까지 몇 시간이고 기다리다가 덥석 달려들지요.

멸종 위급 종

아시아에 사는 가비알은 세계자연보전연맹이 정한 멸종 위급 종이에요. 야생 가비알은 겨우 300마리에서 900마리뿐이지요. 밀렵꾼들이 오래전부터 악어 가죽을 얻기 위해 가비알을 사냥해 온 데다 가비알이 사는 강 서식지가 댐 건설로 막힌 탓에 개체 수가 줄었기 때문이에요. 게다가 농부들은 가비알이 알을 낳는 모래톱에 소를 몰고 와 방목하기 일쑤이지요.

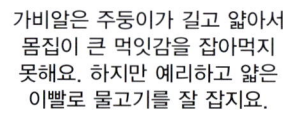

가비알은 주둥이가 길고 얇아서 몸집이 큰 먹잇감을 잡아먹지 못해요. 하지만 예리하고 얇은 이빨로 물고기를 잘 잡지요.

미국악어
ALLIGATOR MISSISSIPPIENSIS

- **서식지** : 미국 동남부의 강가와 늪지
- **몸길이** : 약 4~5미터
- **몸무게** : 약 450킬로그램
- **먹이** : 물고기와 새, 거북, 파충류, 작은 포유류
- **기대 수명** : 약 40~50년
- **멸종 위기 등급과 야생 개체 수** : 최소 관심, 약 75만~106만 마리

앨리게이터과인 미국악어는 주둥이가 검은색에 넓적하고 끝이 둥글어요. 반면 크로커다일과 악어는 주둥이가 짙은 초록색에 좁고 끝이 뾰족하지요.

앨리게이터과 악어는 몸 아랫면이 부드러운 비늘에 싸여 있는 반면 등은 딱딱한 판으로 덮여 있어요. 이 판은 악어의 몸을 보호해 줄 뿐 아니라 악어가 물에 떠 있는 통나무처럼 보이게 해 줘요.

미국악어의 입에는 이빨이 74~80개나 있어요. 이빨이 닳거나 부러지면 새 이빨이 자라는데, 평생 약 3,000개의 이빨이 자라고 빠져요.

알고 있나요? 악어 알을 섭씨 34도가 넘는 온도로 품으면 수컷 악어가 태어나요. 반면 30도 이하의 온도로 품으면 암컷이 태어나지요.

제5장 해양 동물

바닷속 동물

지구의 3분의 2 이상을 뒤덮고 있는 바다는 육지보다 더 많은 생물들이 살아가는 터전이에요. 조그마한 플랑크톤부터 거대한 흰긴수염고래까지 수많은 동물들이 바다 환경에 적응해 왔지요. 바닷속 동물 대부분은 햇볕이 잘 들어 비교적 따뜻한 깊이 200미터 위쪽의 바다에 살아요.

포식자와 피식자

육지 동물들이 그렇듯 많은 바다 동물들도 다른 종을 먹는 방법으로 생명을 유지해요. 다른 바다 동물을 쫓아 사냥하는가 하면 바다 밑에 죽어 있는 동물을 먹고 살기도 하지요. 먹잇감이 되는 작고 약한 바다 동물들은 여러 가지 방어 기술로 스스로를 지켜요.

몸체가 부드러운 바다 동물들은 단단하고 두꺼운 껍데기로 스스로를 지켜요. 대왕조개라고도 불리는 거거는 위협을 느끼면 껍데기를 꽉 다물지요.

만타가오리
MOBULA BIROSTRIS

서식지 : 적도 부근의 따뜻한 바다
몸길이 : 약 4~5미터
몸무게 : 최대 2톤
먹이 : 동물 플랑크톤과 물고기
기대 수명 : 약 40년
멸종 위기 등급 : 위기

88 **알고 있나요?** 향유고래는 몸길이가 최대 18미터 정도로 이빨을 가진 포식자 가운데 가장 커요. 향유고래의 이빨 1개는 무게가 1킬로그램에 이르기도 하지요.

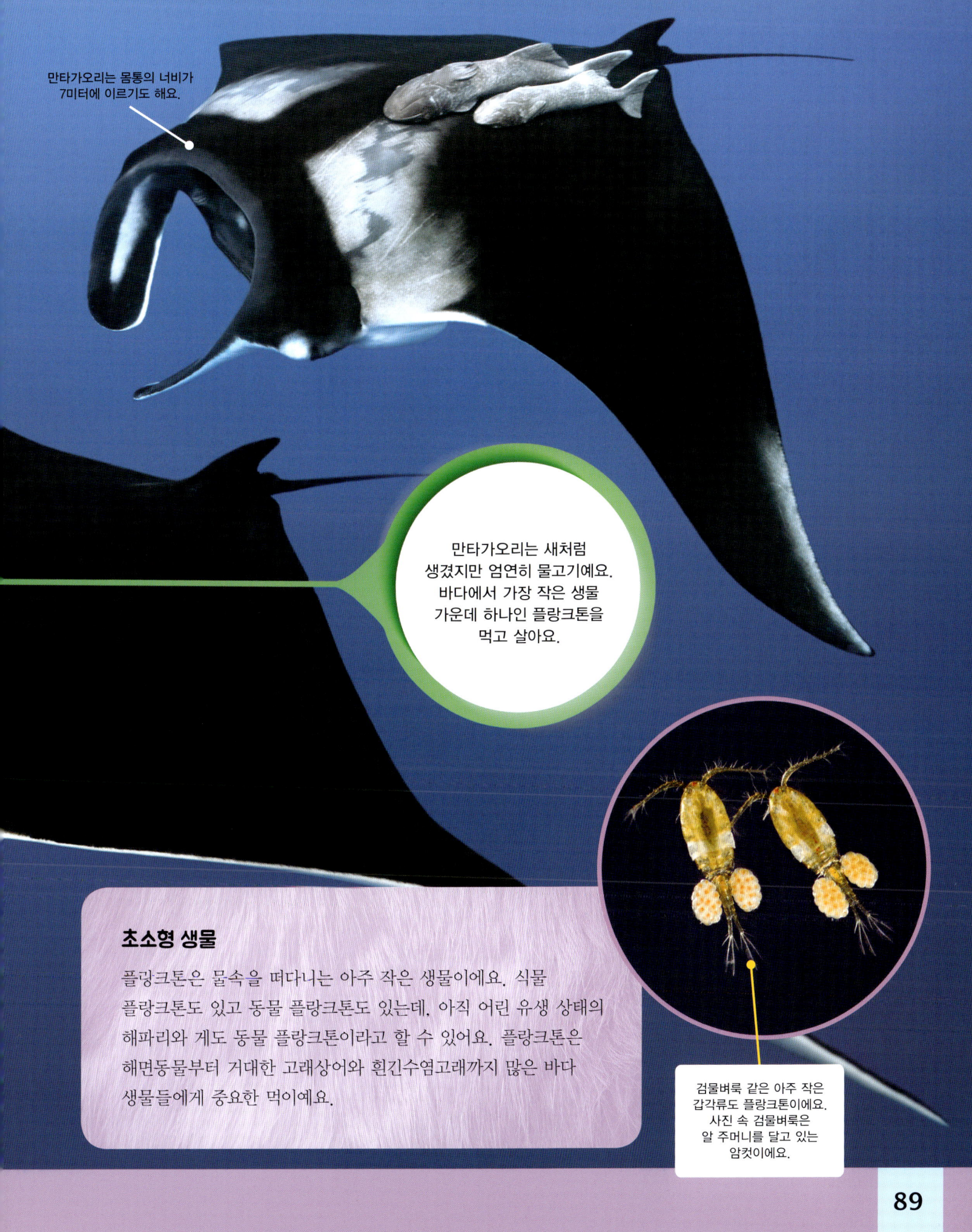

만타가오리는 몸통의 너비가 7미터에 이르기도 해요.

만타가오리는 새처럼 생겼지만 엄연히 물고기예요. 바다에서 가장 작은 생물 가운데 하나인 플랑크톤을 먹고 살아요.

초소형 생물

플랑크톤은 물속을 떠다니는 아주 작은 생물이에요. 식물 플랑크톤도 있고 동물 플랑크톤도 있는데, 아직 어린 유생 상태의 해파리와 게도 동물 플랑크톤이라고 할 수 있어요. 플랑크톤은 해면동물부터 거대한 고래상어와 흰긴수염고래까지 많은 바다 생물들에게 중요한 먹이예요.

검물벼룩 같은 아주 작은 갑각류도 플랑크톤이에요. 사진 속 검물벼룩은 알 주머니를 달고 있는 암컷이에요.

물고기

척추동물의 절반 이상이 어류, 그러니까 물고기예요. 몸길이가 겨우 8밀리미터밖에 되지 않는 민물고기부터 최대 18미터까지 자라는 고래상어까지 물고기는 약 2만 9,000종이나 되지요. 물고기는 대부분 변온 동물로 바닷물이나 민물에서 살며 아가미로 숨을 쉬고 꼬리와 지느러미, 비늘을 갖추고 있어요.

방어 전략

많은 물고기들이 포식자를 피해 무리 지어 다녀요. 그러면 포식자가 쉽게 덤비지 못하기 때문이에요. 어떤 물고기들은 포식자의 눈에 띄지 않으려고 기발한 위장술을 써요. 또 어떤 물고기들은 빠르게 헤엄쳐 위험한 순간을 피하고, 또 다른 물고기들은 가시나 독 같은 무기로 스스로를 지켜요.

청록파랑비늘돔은 부리처럼 생긴 주둥이로 죽은 산호에 붙은 해조류를 뜯어 먹어요.

복어는 적이 나타나면 물을 들이마셔 몸집을 부풀려요. 복어의 몸은 순식간에 공 모양으로 커지고 가시가 더 뾰족하게 튀어나와요.

기이한 장어

뱀장어는 물고기보다는 뱀과 더 비슷해 보여요. 길고 가는 몸으로 꿈틀꿈틀 움직이기 때문이에요. 실제로 땅 위에서 뱀처럼 움직일 수 있는 장어도 있지요. 장어는 바다나 민물에서 사는데, 대부분이 야행성이라 온종일 바위틈에 숨어 지내다가 밤이면 사냥에 나서요.

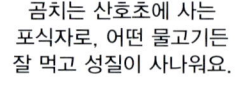

곰치는 산호초에 사는 포식자로, 어떤 물고기든 잘 먹고 성질이 사나워요.

상어

상어는 약 4억 년 전인 고생대 데본기부터 진화해 왔는데, 지금은 400종이 넘어요. 특이하게도 상어의 골격은 뼈가 아니라 튼튼하면서도 잘 구부러지는 연골로 이루어져 있어요. 상어는 사나운 포식자로 악명이 높지만 대부분의 종은 해롭지 않고 인간을 공격하는 일도 매우 드물어요.

각양각색의 상어

상어 대부분은 백상아리, 뱀상어, 돌묵상어처럼 몸이 매끄러운 유선형이에요. 하지만 생김새가 색다른 상어들도 많아요. 심해에서 사는 주름상어는 몸이 장어처럼 일자형이고, 마귀상어는 이름처럼 코가 희한하게 생겼어요. 전자리상어와 수염상어는 납작하게 생겨서 바다 밑에서 살아가기에 적합하지요.

상어는 피부가 사포처럼 거칠어요. 이빨과 비슷한 방패 모양의 '방패 비늘'이 몸을 덮고 있기 때문이에요. 이 비늘은 상어의 몸을 타고 흐르는 물의 저항을 줄여 주지요.

백상아리는 물속에서 5킬로미터 안에 떨어진 몇 방울의 피도 느낄 정도로 감각이 예민해요.

귀상어과의 상어는 머리가 알파벳 T 자 모양에다가 두 눈이 멀찍이 떨어져 있어요. 눈 사이 간격이 넓어서 시야도 넓지요.

상어의 입에는 톱니 모양의 날카로운 이빨들이 여러 줄 나 있어요. 앞쪽 이빨이 부러지거나 빠지면 뒤쪽 이빨이 앞으로 밀려 나와 자리 잡아요.

끝이 뾰족한 어뢰 모양의 몸은 물의 저항력을 줄여 줘요. 백상아리는 순간 속도 시속 40킬로미터 이상으로 헤엄칠 수 있지요.

알고 있나요? 그린란드상어는 세계에서 가장 오래 사는 척추동물이에요. 해양 생물학자들은 그린란드상어가 적어도 250년 이상, 어쩌면 500년 이상 살 수 있다고 추정해요.

여과 섭식을 하는 상어

고래상어, 돌묵상어 그리고 넓은주둥이상어는 몸집은 크지만 먹잇감을 사냥하지 않아요. 이 상어들은 무지막지하게 큰 입을 벌려 바닷물을 한껏 들이켠 뒤 아가미로 다시 내보내는데, 이때 아가미에 달린 갈퀴가 바닷물에 섞여 들어온 플랑크톤과 작은 물고기를 걸러 소화 기관으로 보내요.

고래상어는 입의 너비가 1.5미터나 되기도 해요. 그 안에 작디작은 이빨이 나 있고, 바닷물에서 먹잇감을 걸러 내는 갈퀴 20개가 붙어 있지요.

백상아리
CARCHARODON CARCHARIAS

서식지 : 북극해와 남극해를 제외한 전 세계 바다
몸길이 : 최대 6.5미터
몸무게 : 약 680~1,800킬로그램
먹이 : 상어를 포함한 물고기, 고래, 바다사자
기대 수명 : 약 70년
멸종 위기 등급 : 취약

문어와 오징어

문어와 오징어는 낙지, 앵무조개 같은 약 780종의 동물과 함께 두족류로 분류돼요. 두족류는 '발이 머리에 달린 동물'이라는 뜻이지요. 두족류의 특징은 커다란 머리와 뇌, 다양하게 쓰이는 여러 개의 다리예요. 앵무조개는 두족류 가운데 유일하게 단단한 껍데기에 싸여 있어요. 다른 두족류는 대개 몸이 흐물흐물하고 미끄럽지요.

문어의 머리는 다리와 몸통 사이에 있어요. 발달된 눈, 커다란 뇌 그리고 부리처럼 생긴 입이 특징인데, 침에 있는 독소로 먹잇감을 마비시킬 수 있어요.

사촌 사이

문어와 오징어는 모두 다리가 8개인데, 오징어는 먹잇감을 잡는 1쌍의 촉완도 있어서 다리가 10개처럼 보여요. 문어는 대개 바다 밑에서 지내며 게, 떡조개, 삿갓조개 같은 동물을 잡아먹어요. 오징어는 연안에서부터 심해까지 다양한 깊이의 바다에서 살며 작은 물고기, 갑각류 그리고 다른 오징어를 사냥하지요.

문어는 불그스름한 갈색인 피부색을 주변 환경에 맞춰 바꿀 수 있어요.

왜문어
OCTOPUS VULGARIS

- **서식지**: 전 세계의 따뜻한 바다
- **몸길이**: 약 80센티미터
- **몸무게**: 약 9킬로그램
- **먹이**: 물고기와 게, 다른 해양 무척추동물
- **기대 수명**: 약 1~2년
- **멸종 위기 등급**: 최소 관심

해마와 해룡

해마는 말을 닮은 머리와 뱀처럼 생긴 꼬리를 가진 독특한 물고기예요. 실고기, 해룡과 함께 실고깃과에 속하는데, 실고깃과에는 약 300종의 물고기가 있어요. 해마와 해룡은 주로 따뜻하고 얕은 바다에서 작은 갑각류를 잡아먹고 살아요. 포식자를 발견하면 놀라운 위장술로 해조류나 산호초 사이에 몸을 숨기지요.

수컷 나뭇잎해룡은 번식기가 되면 꼬리 색이 노란색으로 바뀌어요. 포식자를 피할 때도 피부색이 바뀌지요.

해마의 꼬리

해마는 물을 헤치고 나갈 꼬리지느러미가 없기 때문에 수영을 잘하지 못해요. 대신 등에 난 등지느러미를 펄럭여 몸을 움직이지요. 하지만 물결이 셀 때면 물결에 휩쓸리지 않게 해조류 줄기에 꼬리를 감아 몸을 고정시켜요.

해마는 쉬고 싶을 때도 꼬리를 해조류에 감아요.

아빠 해마의 아기주머니에서 세상 밖으로 나오는 새끼 해마는 아주 작지만 어엿한 해마의 모습을 갖추고 있어요.

새끼 해마 낳기

새끼 해마를 부화시키는 건 수컷 해마예요! 암컷 해마가 수컷 해마의 꼬리 끝에 달린 아기주머니에 최대 1,500개의 알을 낳으면 수컷 해마는 약 1달 동안 산소와 영양분을 공급해 알을 부화시켜요. 때가 되면 작디작은 새끼 해마들이 한꺼번에 바다로 헤엄쳐 나오지만 갓 부화한 새끼 해마 20마리 가운데 겨우 1마리만이 살아남아 어른 해마로 자라요.

게와 바닷가재

갑각류에 속하는 동물은 6만 7,000종이 넘어요. 이 가운데 약 4,500종은 게, 54종은 바닷가재예요. 새우, 따개비, 쥐며느리도 갑각류이지요. 게와 바닷가재는 다리가 10개이고 단단한 껍데기가 부드러운 몸을 보호해 주고 있어요. 몸이 커지면 이 껍데기를 벗고 나오는데, 그럴 때면 더 큰 몸에 꼭 맞는 새로운 껍데기를 이미 갖추고 있지요.

바닷가재의 머리에는 겹눈, 그러니까 여러 개의 수정체가 모인 눈이 1쌍 튀어나와 있어요. 겹눈은 주로 빛의 변화를 감지하는데, 바닷가재는 촉각과 후각이 시각보다 발달해 있어요.

바닷가재는 긴 더듬이를 이리저리 움직여 먹잇감을 감지해요.

바닷가재는 알파벳 Y 자 또는 V 자 모양의 작은 더듬이로 냄새를 맡아요.

바닷가재는 큰 집게발로 사냥감을 으스러뜨리기도 하고 다른 바닷가재와 싸우기도 해요.

반대쪽보다 작은 집게발은 안쪽이 톱니 모양이에요. 먹잇감을 자를 때 쓰이지요.

다양한 서식지

게는 종에 따라 바다에서도, 민물에서도, 육지에서도 살아요. 뭍게는 바다에 가까운 육지에서 살지만 알을 낳을 때면 바다로 돌아가지요. 반면 바닷가재는 바다에서만 사는데 대개 육지와 가까운 바다 밑에 자리를 잡아요.

뭍게는 땅에 굴을 파고 살아요. 나뭇잎, 과일, 풀은 물론 곤충과 썩은 고기 같은 동물성 먹이도 먹지요.

집게의 이사

집게는 다른 게와 달리 등 껍데기가 말랑해요. 그래서 소라나 우렁이 같은 나사조개의 빈 껍데기에 부드러운 몸을 집어넣고 살지요. 집게는 자기 몸에 딱 맞는 껍데기를 신중하게 고르고, 몸이 자라면 더 큰 껍데기를 찾아 '이사'를 해요.

집게는 앞쪽 다리를 조개껍데기 밖으로 내어 기어 다녀요. 조개껍데기 밖으로 나오는 몸 앞쪽은 그래도 단단한 편이지요.

미국바닷가재
HOMARUS AMERICANUS

- 서식지 : 북아메리카의 동쪽 바다
- 몸길이 : 약 30~60센티미터
- 몸무게 : 약 0.5~1킬로그램
- 먹이 : 홍합과 불가사리, 다른 바다 무척추동물
- 기대 수명 : 최대 100년
- 멸종 위기 등급 : 최소 관심

알고 있나요? 키다리게는 게 가운데 다리 폭이 가장 넓어요. 양다리를 쫙 벌리면 그 폭이 3.7미터나 되기도 해요.

산호초

산호초는 무척추동물인 산호의 분비물이나 죽은 산호가 켜켜이 쌓여 만들어지는 구조물이에요. 전체 바다 생물의 4분의 1 정도가 산호초에서 살아갈 정도로 바다에서 중요한 동물이자 서식지이지요. 세계에서 가장 큰 산호초인 그레이트배리어리프에 사는 물고기만 해도 약 1,500종이나 돼요.

오래전에 산호가 죽으면서 남긴 껍데기가 쌓이고 쌓여 만들어진 암석 위에 또 다른 산호가 살아가요.

딱딱한 산호와 부드러운 산호

산호는 입 부분에 난 수많은 '폴립'으로 동물 플랑크톤을 잡아먹어요. 촉수인 폴립이 6의 배수만큼 나 있고 딱딱한 골격으로 몸을 받치는 산호를 '경산호', 폴립이 8의 배수만큼 나 있고 작은 가시로 몸을 받치는 산호를 '연산호'라고 하지요. 딱딱하든 부드럽든 산호는 모두 독특한 모양으로 무리를 지어 어딘가에 몸을 붙이고 살아가요.

부채 모양의 연산호예요. 풀처럼 하늘하늘해 물결에 따라 흔들리지요. 산호초의 색은 빨간색, 오렌지색, 노란색, 분홍색, 보라색 또는 흰색으로 다양해요.

산호의 종류

경산호
- 사슴뿔산호
- 가지산호
- 뇌산호
- 뿔빛석산호
- 녹색석산호

연산호
- 해송
- 부채산호
- 회초리산호
- 빨간산호
- 연분홍산호

알고 있나요? 오스트레일리아 북동부 바닷가의 그레이트배리어리프는 약 2,000킬로미터 뻗어 있는 산호초로, 생물이 만든 가장 거대한 구조물이에요.

산호초에는 언제나 생명체들이 모여들어요. 여기 몰디브 부근 산호초 위를 떼 지어 다니는 금강바리처럼요.

작은 물고기들은 상어 같은 포식자들을 피해 산호초 사이로 숨어요.

말미잘은 산호초에 붙어 사는 동물이에요. '산호초의 꽃'으로도 불리지만 폴립으로 먹잇감을 잡아챈 뒤 독을 쏘아 마비시키지요. 흰동가리는 말미잘 근처에 사는 물고기예요.

도우며 함께 사는 공생 관계

산호초는 때로 위험한 곳이기도 해요. 말미잘처럼 독을 쏘는 동물이 사니까요. 하지만 흰동가리는 말미잘의 독에 면역력이 있어서 포식자에게 쫓길 때면 말미잘 사이로 숨어요. 대신 흰동가리는 말미잘에 쌓인 해조류를 털어 주고 먹잇감을 유인해 주며 말미잘이 먹고 남은 찌꺼기도 깨끗하게 치워 줘요. 이렇게 서로 도우며 함께 사는 생물을 '공생 관계'라고 해요.

심해 동물

심해는 수심 200미터보다 깊은 바다를 말하는데, 어떤 곳은 깊이가 10킬로미터도 넘어요. 지구에서 가장 거대하지만 동시에 인간이 가장 알지 못하는 서식지이지요. 빛이 들지 않아 춥고 어두우며, 보호 장치가 없으면 사람이 으스러질 정도로 수압이 세기 때문에 특별한 동물들만 이곳에 살 수 있어요.

심해층

수심 200미터부터 1킬로미터 정도까지는 미미하게나마 빛이 들어와요. 이곳에 사는 동물들은 대개 눈이 큰데, 빛을 조금이라도 더 많이 받아들이기 위해서이지요. 여기에서 더 내려가면 그야말로 어둠뿐인 심해층이에요. 심해 동물의 약 90퍼센트가 길을 찾고 의사소통하고 또 먹잇감을 유인하기 위해 스스로 빛을 낸다고 추정되지요.

사코파린크스는 입이 거대한 심해 물고기예요. 장어를 닮은 긴 몸은 먹잇감의 크기에 따라 쭉 늘어나지요.

생명이 시작된 곳

'열수구'는 심해저 바닥에 나 있는 구멍으로, 지구 안쪽의 뜨거운 열과 광물을 뿜어내요. 최초의 단세포 생물인 박테리아가 열수구 근처에서 나타났다는 가설도 있지요. 이 가설에 따르면 태양 에너지 없이도 살아남을 수 있었던 박테리아에서 진주담치, 떡조개, 새우, 게 그리고 물고기를 비롯한 모든 생물이 시작되었어요.

몸길이가 최대 3미터인 갈라파고스민고삐수염벌레는 심해 열수구 주변에 사는 아주 단순한 생명체예요. 입도 내장도 항문도 없지요.

심해아귀
MELANOCETUS JOHNSONII

서식지 : 전 세계 따뜻한 바다의 심해
몸길이 : 수컷 약 3센티미터, 암컷 약 18센티미터
몸무게 : 수컷 약 50그램, 암컷 약 280그램
먹이 : 물고기와 바다 무척추동물
기대 수명 : 최대 3년
멸종 위기 등급 : 최소 관심

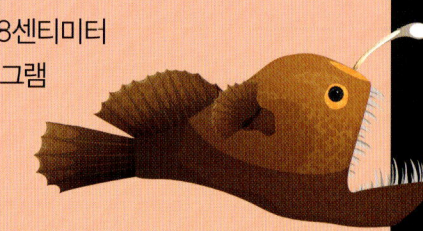

알고 있나요? 세계에서 가장 깊은 태평양의 비티아즈 해연은 깊이가 1만 1,034미터나 돼요. 에베레스트산을 거꾸로 내려가고도 2,186미터를 더 내려갈 정도의 깊이예요.

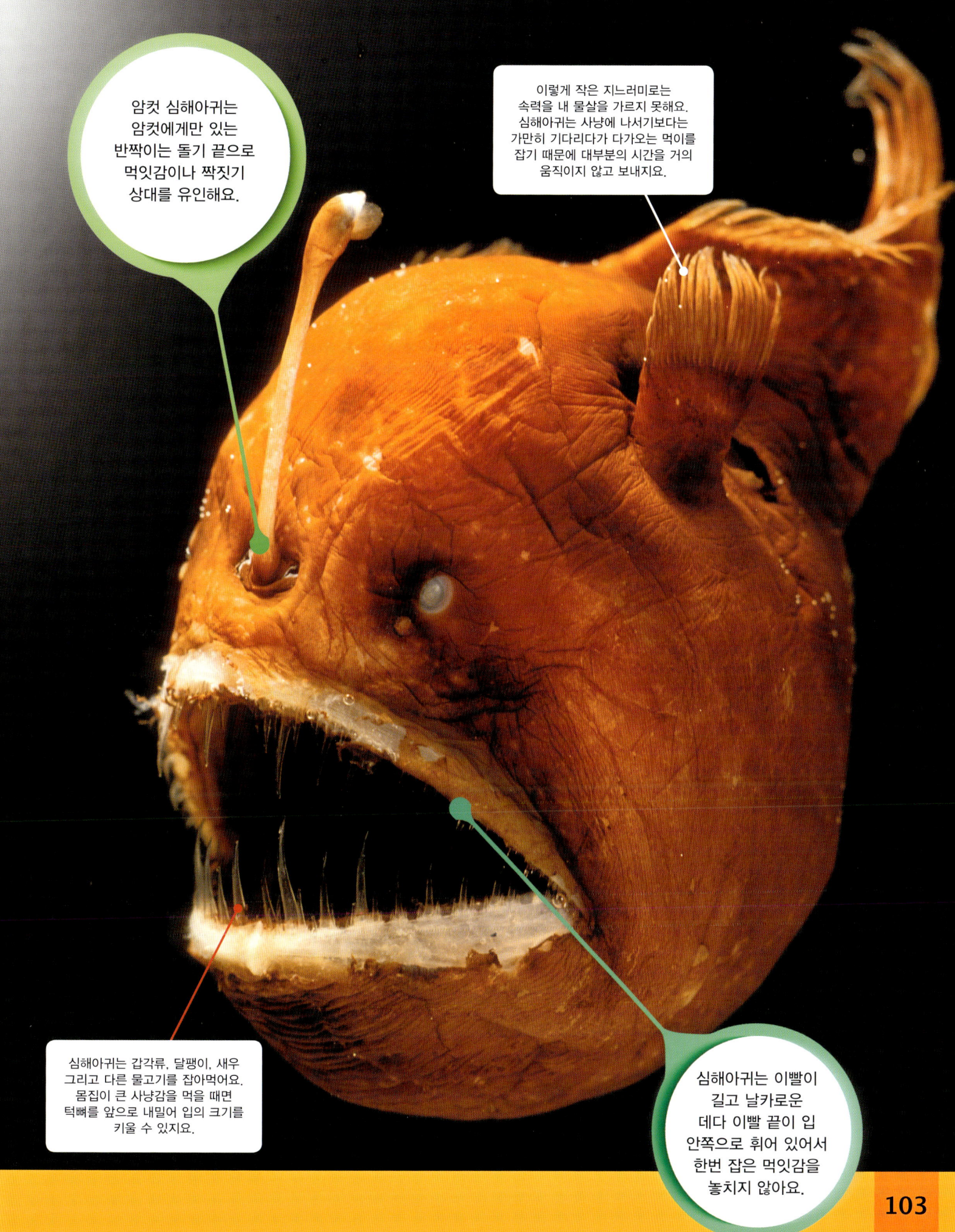

해파리

해파리는 물고기가 아니라 말미잘과 산호처럼 촉수를 가진 무척추동물이에요. 지구에서 약 5억 년, 어쩌면 7억 년 전부터 살아온 해파리는 어떤 바다에서든 살고 민물에서도 살지요. 해파리는 뇌는 없지만 신경망으로 주변 환경의 변화를 감지하고 사냥감을 찾아요. 근육을 움직여 몸을 이동하는 것도 신경망이 하는 일이에요.

위험한 해파리

해파리는 플랑크톤, 갑각류, 물고기 알, 물고기 그리고 다른 해파리까지 입속에 넣을 수 있는 것이라면 무엇이든지 먹어 치워요. 다리처럼 보이는 촉수에는 독을 만들어 내는 세포가 있어요. 그 독으로 사냥감을 쏘아 죽이거나 마비시킨 뒤 촉수로 입에 밀어 넣지요.

해파리의 한살이

해파리의 일생은 조금 복잡해요. 해파리의 정자와 난자가 만나 만들어진 수정란이 물속을 떠다니다가 바위나 조개껍데기에 붙어 자라기 시작해요. 이때 수정란은 산호의 촉수와 같은 폴립 형태를 띠지요. 폴립은 가로로 잘록한 무늬가 생기면서 점점 커져요. 그러다가 잘록한 부분이 하나씩 떨어져 어린 해파리로 자라나지요.

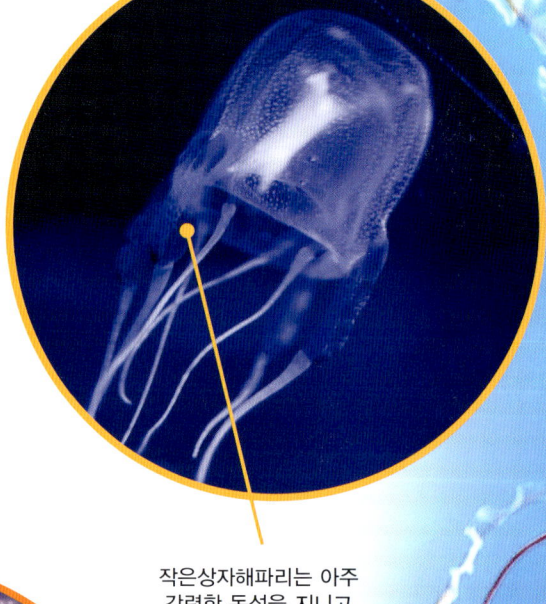

작은상자해파리는 아주 강력한 독성을 지니고 있어요. 이 해파리의 독에 쏘이면 심장과 신경이 크게 다칠 수 있지요.

폴립에서 떨어져 나온 어린 해파리가 폭발적으로 늘어나면 큰 해파리들이 이따금 돌변해서 동족인 작은 해파리를 잡아먹기도 해요.

24개의 기다란 적갈색 촉수가 길게 늘어져 하늘거려요. 태평양쐐기풀해파리는 이 촉수로 독침을 쏴요.

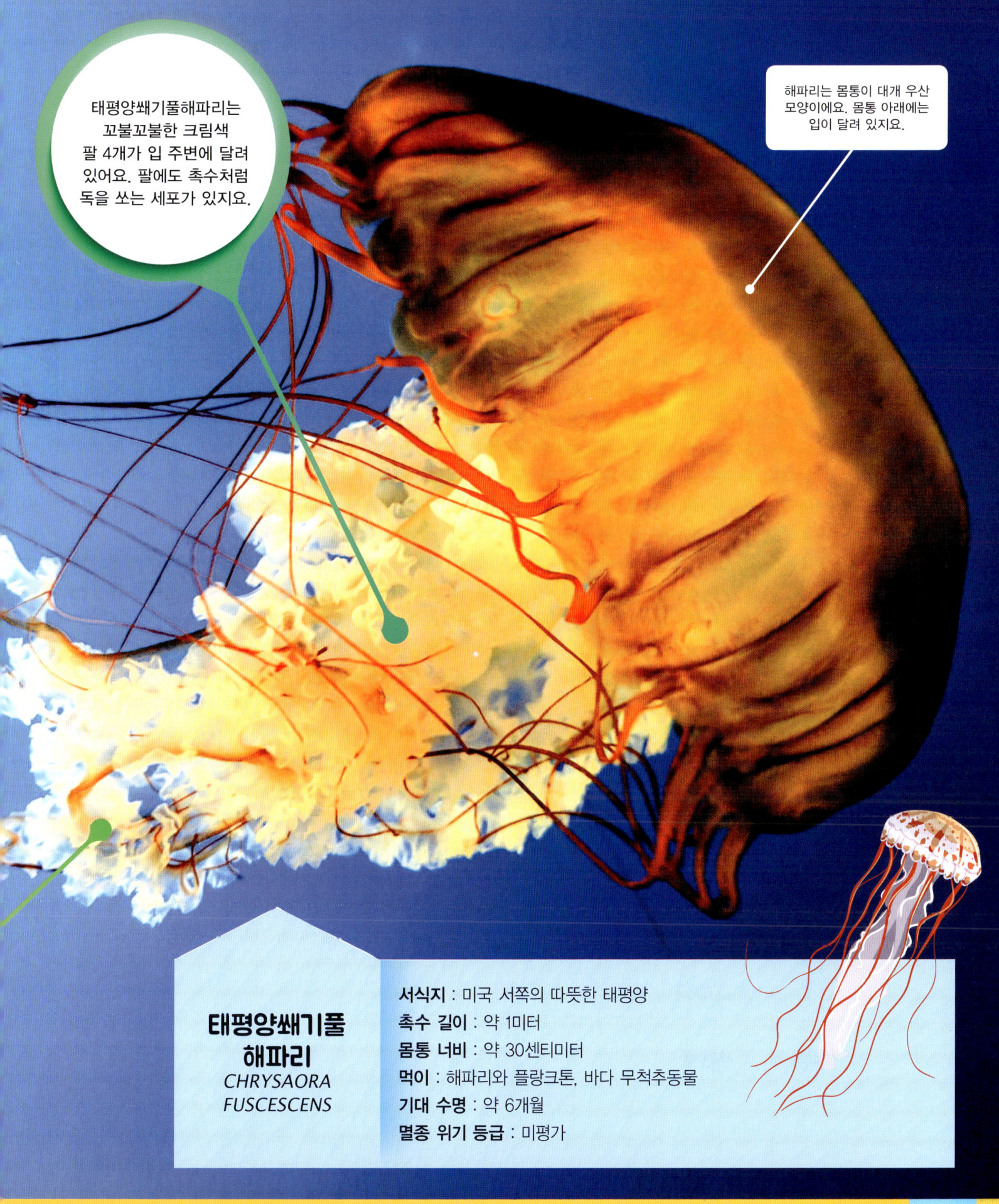

태평양쐐기풀해파리는 꼬불꼬불한 크림색 팔 4개가 입 주변에 달려 있어요. 팔에도 촉수처럼 독을 쏘는 세포가 있지요.

해파리는 몸통이 대개 우산 모양이에요. 몸통 아래에는 입이 달려 있지요.

태평양쐐기풀해파리
CHRYSAORA FUSCESCENS

- **서식지** : 미국 서쪽의 따뜻한 태평양
- **촉수 길이** : 약 1미터
- **몸통 너비** : 약 30센티미터
- **먹이** : 해파리와 플랑크톤, 바다 무척추동물
- **기대 수명** : 약 6개월
- **멸종 위기 등급** : 미평가

알고 있나요? 해파리는 몸의 95퍼센트가 물이에요. 파도에 밀려 바닷가까지 올라온 해파리는 순식간에 몸의 수분을 잃고 사라져 버리지요!

불가사리

불가사리는 약 4억 5,000만 년 전부터 바다에서 살아왔어요. 지금은 1,600여 종의 불가사리가 있지요. 불가사리는 대부분 팔이 5개 달려 있지만 해바라기불가사리는 팔이 24개나 돼요. 해바라기불가사리는 태평양에 사는 가장 큰 불가사리로, 몸무게가 약 5킬로그램에 이르러요.

찰싹 달라붙기

불가사리의 등은 비늘과 그 위에 난 작은 가시들로 뒤덮여 있어요. 반면 부드러운 배는 주로 바닥을 향해 있지요. 불가사리는 팔 끝에 달린 흡반으로 바위나 모래 바닥에 달라붙어 지내는데, 빠르게 움직이지 않기 때문에 물고기, 게, 바다거북 그리고 갈매기 같은 동물들이 가장 쉽게 노리는 먹잇감이에요.

불가사리의 아랫면에는 수백 개의 작은 '관족'이 달려 있어요. 움직일 때 그리고 먹이를 잡을 때 주로 쓰이는 발이라고 할 수 있지요.

불가사리는 신체 기관이 대부분 팔 안쪽까지 자리 잡고 있어요.

넓은햇님불가사리는 피부에 따끔따끔한 가시가 나 있어요. 이 불가사리는 주로 해삼, 연체동물 그리고 다른 불가사리를 잡아먹지요.

엘리건트불가사리
FROMIA NODOSA

- 서식지 : 인도양
- 너비 : 약 10센티미터
- 몸무게 : 약 35그램
- 먹이 : 작은 바다 무척추동물과 해조류
- 기대 수명 : 최대 5년
- 멸종 위기 등급 : 미평가

불가사리의 팔 끝마다 '안점'이 달려 있어요. 안점은 밝고 어두운 정도를 감지할 수 있는 눈과 비슷한 세포예요.

불가사리는 위험할 때면 스스로 팔을 잘라 내기도 해요. 잘린 팔은 곧 다시 자라나지요.

산호의 포식자

넓적다리불가사리는 등에 뾰죽뾰죽 난 기다란 가시로 몸이 윗면을 보호해요. 이 불가사리는 인도양과 태평양의 산호초에서 주로 산호의 폴립을 먹고 사는데, 1년에 약 10제곱미터의 산호를 먹어 치울 정도로 먹성이 좋아서 산호초에 해로운 동물로 알려져 있어요.

넓적다리불가사리의 뾰족뾰족한 가시 끝에는 독이 있어요.

알고 있나요? 불가사리는 일단 조개껍데기를 연 다음 자신의 위장을 몸 밖으로 꺼내 조개 안으로 밀어 넣어서 부드러운 조갯살을 먹어 치워요.

107

제6장 소형 무척추동물

작은 벌레들

등뼈가 없고 몸집이 작은 여러 동물은 소형 무척추동물 또는 작은 벌레라고 불러요. 거미류, 지네류, 노래기류, 연충류 그리고 수십만 또는 수백만 종이나 되는 곤충을 떠올리면 이해하기 쉬울 거예요. 또 연체동물과 갑각류도 소형 무척추동물이지요.

곤충 구별하기

우리가 흔히 벌레라고 부르는 작은 동물들이 모두 곤충은 아니에요. 곤충은 다른 동물들과 뚜렷하게 구별되는 특징을 지니고 있지요. 다 자란 곤충은 몸이 머리, 가슴, 배로 나뉘고 다리가 6개예요. 다리가 6개보다 적거나 많다면 그 벌레는 곤충이 아니지요. 모든 곤충에게 날개가 달려 있는 것도 아니에요.

쥐며느리는 곤충처럼 보이지만 게와 마찬가지로 갑각류에 속해요.

항라사마귀
MANTIS RELIGIOSA

- 서식지 : 전 세계 들과 풀밭
- 몸길이 : 약 47~65밀리미터
- 몸무게 : 약 4~5그램
- 먹이 : 작은 곤충과 다른 무척추동물
- 기대 수명 : 약 1년
- 멸종 위기 등급 : 최소 관심

항라사마귀는 긴 앞다리를 쑥 내밀어 방아깨비와 귀뚜라미 같은 곤충을 움켜잡은 뒤 잡아먹어요.

재활용 전문가

지렁이, 지네, 노래기, 민달팽이 그리고 쥐며느리는 주로 낙엽이나 죽은 동물에 남은 영양분을 먹고 살아요. 이런 동물들은 먹이 사슬에서 아주 유용한 역할을 해요. 영양분 찌꺼기를 섭취해서 버려지거나 낭비되는 영양분을 줄여 주기 때문이지요.

썩은 나뭇잎을 먹고 사는 용노래기는 맹독성 물질을 분비해 포식자로부터 스스로를 지켜요.

기다란 몸을 가진 사마귀는 초록색, 노란색, 갈색 또는 검정색을 띠어요. 날개가 2쌍 달려 있지만 암컷은 날지 못하고 수컷만 날 수 있어요.

알고 있나요? 요정파리는 가장 작은 곤충으로 알려져 있어요. 몸길이가 겨우 0.139밀리미터인 개체가 발견되기도 했지요.

거미와 전갈

응애와 진드기, 전갈, 거미는 절지동물 중에서도 거미류에 속해요. 거미류는 곤충과 비슷해 보여서 한때 곤충으로 분류되기도 했어요. 하지만 거미류는 곤충과 분명 달라요. 거미류는 모두 집게 1쌍과 더듬이 1쌍, 다리 4쌍을 갖추고 있기 때문이지요. 가장 대표적인 거미류는 거미와 전갈이에요. 모든 전갈과 많은 거미가 독을 지니고 있지만 사람에게 치명적인 경우는 많지 않아요.

거미의 특별한 능력

거미라면 모두 거미줄을 뽑아낼 수 있어요. 하지만 모든 거미가 거미그물을 치는 것은 아니에요. 거미그물은 나선형으로 커지는 둥근 그물부터 부채 모양, 접시 모양이나 선반 모양까지 모양이 다양해요. 거미그물은 대개 사냥감을 잡는 데 쓰이지요. 반면 어떤 거미들은 전혀 다른 방식으로 사냥을 해요. 농발거미는 먹잇감을 추격해 잡아요. 문짝거미는 땅굴을 판 뒤 거미줄과 흙으로 문을 만들어 달고 문 뒤에 숨어 있다가 주변을 어슬렁거리는 먹잇감을 습격하지요.

게거미는 머리에 달린 8개의 눈으로 모든 방향을 바라볼 수 있어요. 꽃에 숨어서 꽃을 찾아오는 곤충을 지켜보다가 잡아먹지요.

거미는 턱 양옆에 난 다리 같은 더듬이로 먹이를 으스러뜨리고 찢어요.

앞다리 2개는 주로 걷는 데 쓰이지만 벌이나 파리 같은 먹잇감을 붙잡을 때도 유용해요.

세계에서 가장 큰 거미인 골리앗버드이터는 몸길이만 약 13센티미터에 이르러요. 주로 생쥐, 도마뱀 그리고 몸집이 작은 새를 사냥하지요.

게거미는 2,000종이 넘어요. 대개 곤충을 먹으러 꽃을 찾아갔다가 꽃들의 꽃가루받이를 도와주지요.

꼬리 끝 독침

독이 있는 거미가 독니로 사냥감이나 적에게 독을 넣는 반면 전갈은 휘어진 꼬리 끝에 달린 독침으로 독을 쏴요. 전갈은 독침으로 포식자를 공격해 스스로를 지키기도 하고, 도망치려고 안간힘을 쓰는 먹잇감을 기절시키기도 하지요. 하지만 대개는 독을 아껴 두고 힘센 집게발로 먹잇감을 잡아요.

혹독한 자연환경에서 사는 전갈은 생존력이 무척 강해요. 북아프리카와 서아시아의 사막에 사는 이 사막전갈도 독성이 무척 센 독침이 꼬리 끝에 달려 있어요.

게거미
THOMISUS ONUSTUS

- **서식지** : 유럽과 아시아, 아프리카의 황야, 사막, 초원
- **몸길이** : 암컷 약 7~11밀리미터, 수컷 약 2~4밀리미터
- **몸무게** : 약 2.5~3그램
- **먹이** : 곤충 같은 작은 무척추동물과 꿀, 꽃가루
- **기대 수명** : 암컷 약 2년, 수컷 수개월
- **멸종 위기 등급** : 미평가

알고 있나요? 대왕농발거미는 거미 가운데 다리 폭이 가장 넓어요. 다리를 쭉 벌리면 그 폭이 약 30센티미터나 되지요.

딱정벌레

30만 종이 넘는 딱정벌레는 곤충 종의 3분의 1 이상을, 지구에 사는 동물 종의 4분의 1을 차지해요! 딱정벌레는 날개를 2쌍 가지고 있는데, 날 때는 보통 뒷날개만 써요. 딱딱한 앞날개는 뒷날개를 보호하는 껍데기 역할을 하지요. 딱정벌레는 알에서 태어나 애벌레나 굼벵이가 되었다가 번데기를 거쳐 다 자란 성충이 돼요.

딱정벌레의 먹이

딱정벌레는 대부분 식물을 먹지만 종에 따라 사냥을 하기도 해요. 길앞잡이와 먼지벌레는 빠르게 움직여 작은 곤충을 사냥해 먹고, 무당벌레는 주로 진딧물 같은 초식 곤충을 먹지요. 소똥구리는 특이하게 동물의 배설물을 먹이로 삼아요.

약 2만 5,000종이나 되는 잎벌레는 주로 식물을 먹어요. 대개 딱지날개는 파란색, 초록색, 빨간색을 띠며, 금속처럼 반짝여요.

유럽사슴벌레가 성충으로 사는 시간은 고작 몇 달뿐이에요. 애벌레 상태로 썩은 나무에서 4년에서 6년을 지내야 비로소 성충이 되지요.

긴 주둥이

바구미는 딱정벌레 가운데 가장 큰 부류인데, 약 4만 종이 있어요. 긴 주둥이로 주로 식물을 먹는데, 바구미는 대부분 특정한 종류의 잎, 꽃, 과일, 씨앗, 곡물이나 견과류를 먹도록 진화해 왔어요.

마다가스카르섬에 사는 기린바구미는 목이 유난히 길어요. '기린딱정벌레나무'라는 별명이 붙은 나무의 잎만 먹고 살지요.

유럽사슴벌레
LUCANUS CERVUS

- **서식지** : 유럽과 아시아의 숲
- **몸길이** : 암컷 약 30~45밀리미터, 수컷 약 25~75밀리미터
- **몸무게** : 약 2~6그램
- **먹이** : 애벌레는 썩어 가는 나무, 성충은 꿀과 나무 수액
- **기대 수명** : 약 3~7년
- **멸종 위기 등급** : 준위협

민달팽이와 달팽이

민달팽이와 달팽이는 연체동물의 한 갈래인 복족류예요. 복족류는 모두 달팽이처럼 몸이 말랑하고 끈적하며 넓적한 발 1개로 느릿하게 움직이지요. 복족류에는 약 7만 5,000종이 있는데, 그 가운데 3분의 1 정도가 땅에 살아요. 나머지는 소라나 전복처럼 바다나 민물에서 살지요. 민달팽이와 달팽이는 아주 추운 곳을 제외한 전 세계에서 볼 수 있어요.

다른 듯 닮은 꼴

달팽이는 몸을 보호하는 껍데기가 있지만 민달팽이는 없어요. 그래서 민달팽이는 포식자를 피해 나무나 돌멩이 밑으로 비집고 들어가 살지요. 달팽이와 민달팽이는 껍데기 때문에 꽤 달라 보이지만 사실은 무척 닮았어요. 대부분이 식물을 먹고 살고 끈적한 몸으로 끈적한 흔적을 남기며 느릿느릿 움직이거든요. 또 암컷과 수컷이 한 몸에 있는 '자웅동체'여서 짝짓기를 한 뒤에 각자가 자신의 알을 낳아요.

탄산칼슘 성분으로 이루어진 나선 모양의 달팽이 껍데기는 새 같은 포식자로부터 달팽이의 말랑한 몸을 지켜 줘요.

큰민달팽이는 죽은 식물과 균류를 먹고 살아요. 하지만 다른 민달팽이를 잡아먹기도 해요.

정원달팽이
CORNU ASPERSUM

- 서식지 : 유럽과 아시아, 북아프리카의 정원과 농경지, 숲
- 껍데기 너비 : 약 25~40밀리미터
- 껍데기 높이 : 약 25~35밀리미터
- 먹이 : 식물, 때로는 벌레
- 기대 수명 : 약 5년
- 멸종 위기 등급 : 최소 관심

달팽이는 '치설'이라는 수천 개의 작디작은 이빨로 식물을 비벼 부스러뜨린 뒤 먹어요.

달팽이는 머리에 촉수 2쌍이 뻗어 나와 있어요. 그 가운데 좀 더 긴 1쌍의 촉수 끝에는 눈이 달려 있지요.

바다에 사는 민달팽이

갯민숭달팽이는 바다에 사는 민달팽이인데, 유생 시기가 지나면 껍데기를 벗어 버리고 민달팽이가 돼요. 약 3,000종의 갯민숭달팽이 가운데 많은 종이 화려한 무늬를 뽐내지요. 어떤 종은 독을 가지고 있는 척할 뿐이지만 어떤 종은 진짜로 몸 안에 독을 품고 있어요. 갯민숭달팽이는 독소를 직접 만들기도 하고 해면동물 같은 다른 동물을 잡아먹어 독소를 얻기도 해요.

형광에 가까운 화려한 빛깔을 띠는 이 갯민숭달팽이는 위협을 느끼면 독성이 있는 점액을 내뿜어요.

알고 있나요? 아프리카달팽이는 땅에 사는 복족류 가운데 가장 커요. 껍데기 길이가 약 12센티미터인데, 이보다 훨씬 크게 자라기도 해요.

나비와 나방

나비와 나방은 달콤한 향과 맛이 나는 꿀이나 과즙을 먹고 사는 약 20만 종의 곤충을 말해요. 나방은 대부분 밤에 활동하고 날개 무늬와 색이 칙칙해요. 반면 나비는 주로 낮에 날아다니고 날개가 화려하지요. 또 나비는 더듬이 끝이 동그랗게 부풀어 있는 반면 나방 더듬이는 끝으로 갈수록 가늘어져요.

놀라운 날개

나비와 나방의 날개는 '키틴'이라는 단백질로 이루어져 있어요. 그 위를 '비늘 가루'가 빼곡하게 덮고 있는데, 너무 작아서 현미경으로만 볼 수 있지요. 나비는 비늘 가루 때문에 화려한 색과 무늬를 띠는데, 짝짓기 상대를 찾거나 포식자에게 경고하는 데 효과적이에요. 또 이 무늬와 색으로 주위 환경과 어우러져 포식자의 눈을 피하지요.

수많은 군주나비들이 따뜻한 멕시코의 숲에서 겨울을 보내요.

호랑나비는 날개 무늬 때문에 붙은 이름이에요. 호랑나비에는 550종 이상이 있는데, 이 사진의 산호랑나비는 북반구 어디에서나 볼 수 있어요.

군주나비는 매년 약 4,800킬로미터를 날아서 겨울철 보금자리를 오가요.

다 자란 나비는 관처럼 기다란 주둥이를 꽃에 꽂고 꿀을 빨아 먹어요. 하지만 평소에는 주둥이를 돌돌 말아 두지요.

군주나비는 오렌지색과 검은색을 띠어요. 하지만 애벌레 시절에는 노란색, 검은색 그리고 하얀색을 띠지요. 군주나비 애벌레는 아스클레피아스라는 식물을 먹고 자라요.

갖춘탈바꿈(완전 변태)

나비와 나방의 알은 지렁이처럼 생긴 애벌레로 부화해요. 애벌레는 자라면서 몇 번씩 허물을 벗는데, 허물을 벗는 각 단계를 '령'이라 하지요. 애벌레가 다 자라면 몸이 껍데기처럼 단단해져 번데기가 돼요. 애벌레는 번데기 안에서 애벌레의 모습을 버리고 성충으로 거듭나지요. 시간이 지나면 번데기가 조금씩 갈라지면서 날개를 단 성충이 세상 밖으로 나와요.

나방의 한살이: 알 → 애벌레 1령 → 애벌레 2령 → 애벌레 3령 → 번데기 → 수컷 성충 / 암컷 성충

나비도 다른 곤충들처럼 폐가 없어요. 대신 가슴과 배에 난 '기문'이라는 작은 숨구멍으로 산소를 받아들이지요.

군주나비
DANAUS PLEXIPPUS

- 서식지 : 북아메리카와 중앙아메리카, 오스트레일리아, 동남아시아의 숲과 정원
- 날개 폭 : 약 9~10센티미터
- 몸무게 : 약 0.5그램
- 먹이 : 애벌레는 아스클레피아스, 성충은 꿀
- 기대 수명 : 약 2~6주
- 멸종 위기 등급 : 최소 관심

알고 있나요? 파푸아 뉴기니에만 사는 알렉산더비단제비나비는 세계에서 가장 큰 나비로, 암컷의 날개 폭이 최대 28센티미터에 이르러요.

벌

남극 대륙을 제외한 전 세계에 약 2만 종의 벌이 살아요. 벌이라고 하면 흔히 거대한 무리와 벌집을 떠올리지만 사실 벌은 대부분 혼자 살아가요. 꿀벌과 뒤영벌은 무리를 이루는데, 하나의 무리는 여왕벌 1마리, 수벌 수백 마리, 일벌 수천 마리로 구성되지요. 수벌은 여왕벌과 짝짓기를 하고, 일벌은 보금자리인 벌집을 지키고 꽃가루와 꿀을 모으며 어린 벌을 돌봐요.

새로운 터전으로 날아가는 벌 떼

하나의 벌 떼가 너무 커지면 여왕벌은 일벌이 아니라 여왕벌로 자랄 알을 낳아요. 그러고는 거대한 일벌 무리와 함께 그 벌집을 떠나지요. 이 벌 떼는 새로운 생활을 시작할 곳으로 날아가 자리를 잡고, 여왕벌은 다시 일벌이 될 알을 낳기 시작해요.

각각의 다리는 여러 마디로 나뉘어 있어서 자유자재로 구부러져요.

벌은 여러 마디로 나뉜 더듬이 1쌍으로 촉감, 냄새, 맛을 느끼고 진동도 감지해요.

벌 수백 또는 수천 마리가 한 무리의 벌 떼를 이루어요.

벌이 날 때면 날개 2쌍이 위아래로 아주 빠르게 움직이기 때문에 윙윙거리는 소리가 나요.

서양뒤영벌
BOMBUS TERRESTRIS

서식지 : 유럽을 포함한 세계 각지의 초원과 농경지
몸길이 : 일벌 11~17밀리미터, 수벌 14~16밀리미터, 여왕벌 20~22밀리미터
먹이 : 꿀과 꽃가루
기대 수명 : 일벌은 약 2~3개월, 여왕벌은 약 1년
멸종 위기 등급 : 최소 관심

벌이 꽃가루를 옮겨 주는 덕분에 많은 식물이 열매를 맺을 수 있어요.

벌침은 대개 끝이 갈고리 모양으로 갈라져 있어서 벌에 쏘인 상대에게 박혀요. 하지만 뒤영벌은 벌침이 곧게 뻗어 있어서 다시 뺄 수 있고 여러 번 쏠 수 있어요.

먹이를 찾아서

일벌은 꿀과 꽃가루를 모아 벌집으로 가져가요. 벌집으로 돌아간 일벌은 정교한 춤을 춰 다른 일벌들에게 꿀과 꽃가루가 있는 곳의 위치를 알려 주지요. 이때 춤의 모양과 속도를 달리해서 정확한 거리와 방향을 전달해요.

벌이 꿀을 얻으려고 꽃에 앉으면 털에 꽃가루가 묻어요. 꽃가루는 벌이 찾아간 그다음 꽃으로 옮겨지지요. 이렇게 꽃가루받이가 이루어져요.

일벌은 밀랍으로 지은 작은 육각형 방에 꿀을 저장해요. 방 안에는 알과 애벌레도 들어 있지요.

알고 있나요? 놀랍게도 여왕벌은 매일매일 알을 낳아요. 건강한 여왕벌은 하루에 약 1,500개의 알을 낳을 수 있지요.

119

메뚜기

메뚜기, 풀무치, 여치 그리고 귀뚜라미는 직시류라는 곤충이에요. 직시류는 '곧은 날개'를 가졌다는 뜻이지요. 직시류에는 적어도 2만 종의 곤충이 있고, 그 가운데 절반 정도가 메뚜기 종이에요. 직시류는 대개 기다란 원통형 몸에 날개와 다리가 달려 있어요. 특히 뒷다리 힘이 세서 자기 몸의 몇 배나 되는 거리를 뛸 수 있지요. 직시류는 보통 날개를 가지고 있기는 하지만 먼 거리를 날지는 못해요. 날개에 비해 몸이 크기 때문이에요. 하지만 이 날개를 서로 비비거나 날개와 다리를 문질러서 아름다운 소리를 내지요.

수컷 귀뚜라미는 앞날개를 비벼서 귀뚤귀뚤 소리를 내요.

먹이를 찾아서

귀뚜라미는 밤에 활동하는 잡식성인 반면 메뚜기와 풀무치는 낮에 돌아다니며 풀을 먹어요. 메뚜기는 주로 혼자 살지만 때로 무리를 이루기도 하는데, 떼를 지어 움직이는 메뚜기는 초록색이 아니라 갈색이나 검은색을 띠어요. 특히 농작물을 먹어 치우는 풀무치 무리를 '황충'이라고 해요.

많게는 8,000만 마리의 메뚜기가 한 무리를 이루어 움직이는데, 매일 제 몸무게만큼의 풀을 먹어 치워요.

귀뚜라미는 긴 뒷다리로 90센티미터 정도는 너끈히 뛰어요.

거대한 귀뚜라미

웨타는 뉴질랜드에만 사는 거대한 곤충으로 귀뚜라미와 가까운 사촌이에요. 70종이 넘는 웨타는 대부분 밤에 활동하는 야행성에 날개가 없고, 날개가 있어도 날지는 못해요. 작은 종은 대개 육식을 하지만 큰 종은 식물을 주로 먹어요.

귀뚜라미는 더듬이가 몸길이의 1.5배나 될 정도로 길어요.

자이언트웨타는 보통의 웨타보다 큰 종들인데, 모두 11종이 있어요. 가장 큰 종은 생쥐보다도 무거워요.

귀뚜라미는 이 촉수로 **음식을 맛본** 뒤 입에 넣어요.

귀뚜라미는 고막이 앞다리에 있어요. 반면 메뚜기는 고막이 뒷다리 근처인 배 밑에 있지요.

쌕쌔기
CONOCEPHALUS CHINENSIS

- 서식지 : 동아시아의 늪, 강둑
- 몸길이 : 약 13~18밀리미터
- 몸무게 : 약 2.5~4그램
- 먹이 : 씨앗과 식물의 눈, 꽃
- 기대 수명 : 최대 1년
- 멸종 위기 등급 : 미평가

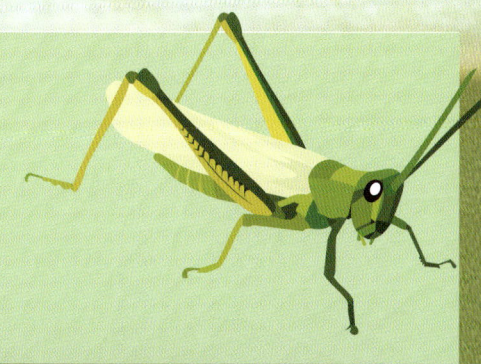

알고 있나요? 1875년에 미국 중서부에서 엄청난 메뚜기 떼가 일어나 51만 제곱킬로미터나 되는 땅을 뒤덮어 버렸어요.

지렁이와 거머리

연충류는 몸이 길고 가늘며 팔다리가 없어서 꿈틀꿈틀 기어 다니는 무척추동물이에요. 연충류는 다시 유형동물, 선형동물, 편형동물 그리고 환형동물로 나뉘어요. 환형동물은 9,000종이 넘어요. 여기에서 살펴볼 지렁이와 거머리를 포함해 갯지렁이와 실지렁이가 모두 환형동물이지요.

축축한 집

거머리는 대개 호수, 강 그리고 습지에 살고 지렁이는 주로 축축한 흙에서 살아요. 사는 곳은 다르지만 모두 습도가 높은 곳을 골라 보금자리로 삼지요. 그래야 몸이 말라서 굳어 버리지 않기 때문이에요. 특히 지렁이는 흙 속 유기물을 먹고 배설물로 내뱉는데, 이 과정에서 땅을 비옥하게 만들어요.

단순한 편형동물

연충류 동물 중에서 납작한 몸을 가진 편형동물은 신체 기관이 매우 단순해서 입으로 먹이를 섭취할 뿐만 아니라 소화된 찌꺼기를 내보내요. 몸을 움직일 때는 좌우대칭인 몸에 난 짧고 가는 털인 섬모를 이용해 미끄러지듯 나아가거나 거머리처럼 흡반으로 움직여요.

지렁이는 몸이 마디로 이루어지는데, 마디마다 짧고 빳빳한 털이 나 있어요. 이 털이 지렁이가 이동하고 땅을 파는 데 도움을 주지요.

거머리는 대부분 몸 양쪽 끝에 있는 흡반으로 다른 동물에게 달라붙어 피를 빨아 먹어요. 몇몇 종은 달팽이나 지렁이 같은 동물을 잡아먹기도 하지요.

지렁이가 굴을 만들어 둔 흙에는 산소와 빗물이 잘 스며들어요.

오른쪽의 보라색 편형동물은 독이 없지만 독이 있는 왼쪽의 갯민숭달팽이인 척해서 포식자를 속여요.

지렁이의 몸에서 희끄무레하고 두꺼운 부분을 '환대'라고 하는데, 여기에 생식 기관이 있어요.

지렁이는 굴을 파 나가면서 흙과 썩기 시작한 식물을 입으로 빨아 먹어요.

지렁이는 피부의 끈적끈적한 점액을 통해 공기 중의 산소를 받아들여요. 피부가 말라 버리면 지렁이는 죽고 말지요.

줄지렁이
EISENIA FETIDA

- 서식지 : 남극 대륙을 제외한 전 세계의 축축한 땅속
- 몸 지름 : 2.8~4.8밀리미터
- 마디 수 : 약 82~103개
- 먹이 : 흙과 썩어 가는 식물
- 기대 수명 : 약 1~5년
- 멸종 위기 등급 : 미평가

알고 있나요? 긴끈벌레는 얕은 바다에 사는 끈벌레예요. 1864년에 약 55미터나 되는 긴끈벌레가 바닷가로 밀려와 가장 긴 긴끈벌레이자 동물로 기록되었어요.

개미

'사회성 곤충'인 개미는 각자 주어진 역할을 하며 무리의 일원으로 살아요. 여왕개미는 알을 낳고, 여왕개미보다 몸집이 작은 암컷인 일개미는 먹잇감을 모으고 집을 돌봐요. 수개미는 여왕개미와 짝짓기를 하지요. 어떤 개미 종에는 병정개미가 있기도 해요. 병정개미는 다른 개미보다 몸집이 커서 무리를 지키며 망을 보고 딱딱한 먹이를 잘게 부수는 역할을 하지요.

먹이를 나르는 천하장사

개미는 잡식성인데, 일개미들이 무리가 먹을 곤충, 씨앗, 꿀 그리고 과일 같은 먹이를 찾은 뒤 힘을 모아 함께 옮겨요. 육식성인 군대개미는 메뚜기, 딱정벌레, 전갈처럼 제 몸보다 훨씬 더 큰 동물도 나를 수 있지요.

개미는 화학 물질인 페로몬을 내뿜어 다른 개미와 의사소통해요.

개미는 세계에서 가장 힘이 센 동물이에요. 날개가 없는 일개미는 제 몸무게의 50배나 되는 먹이도 옮길 수 있지요.

개미는 입 앞에 달린 큰턱이 부수고 자르고 물기 좋게 발달해 있어요. 큰턱은 사람의 턱처럼 위아래로 벌어지는 게 아니라 양옆으로 벌어지지요.

진딧물 농장

어떤 개미는 달콤한 나무 진을 얻으려고 진딧물 떼를 길러요. 개미는 진딧물의 날개를 물어뜯거나 진딧물을 잠재우는 화학 물질을 분비해서 진딧물이 도망치지 못하게 막지요. 그러고는 진딧물이 먹은 나무 진을 뽑아내는 거예요. 대신 개미는 무당벌레 같은 진딧물의 포식자를 물리치고 진딧물을 보호해 줘요.

개미가 진딧물의 진을 '짜내고' 있어요. 개미는 진딧물 덕분에 영양분이 가득한 먹이를 언제든 얻지요.

고동털개미는 배 끝부분으로 자극적인 냄새가 나는 개미산을 분비해요.

개미는 귀가 없지만 땅에서 울리는 진동을 다리로 감지하고, 관절 부근에 있는 특수한 신체 기관으로 진동이 주는 정보를 이해해요.

일개미는 날개가 없어요. 어린 여왕개미와 수개미는 날개가 있어서 짝짓기를 하러 날아가지요.

고동털개미
LASIUS NIGER

- **서식지** : 유럽과 북아메리카, 아시아의 정원과 풀밭
- **몸길이** : 일개미 약 2.5~3.5밀리미터, 수개미 약 4밀리미터, 여왕개미 약 9~10밀리미터
- **무리의 개체 수** : 약 4,000~7,000마리
- **먹이** : 꿀과 과일, 작은 무척추동물
- **기대 수명** : 일개미 약 4년, 여왕개미 최대 29년
- **멸종 위기 등급** : 미평가

알고 있나요? 과학자들은 지구에 사람 1명당 개미 100만 마리가 살고 있을 거라고 추정해요. 하지만 누구도 지구에 사는 개미의 개체 수를 정확히 알지는 못해요.

기생 동물

기생 동물은 다른 동물의 바깥이나 안에 살며 먹이를 얻어요. 많은 기생 동물이 자신이 기생해 살아가는 숙주의 몸속에서 평생 사는 반면 어떤 기생 동물은 숙주를 바꾸기도 해요. 기생 동물이 숙주를 죽이는 일은 많지 않아요. 숙주가 사라지면 기생 동물도 살기 어렵기 때문이에요.

기생충과 숙주

기생충은 다른 동물의 몸속에서 살아가요. 어떤 동물이 먹이나 물을 먹을 때 그 안에 산란된 작디작은 기생충 알이 몸속으로 함께 들어가고, 동물의 장에서 기생충이 부화해 살지요. 기생벌은 숙주 안에 알을 낳는데, 애벌레가 알을 깨고 나와 숙주를 먹어요.

모든 기생 동물이 작은 무척추동물은 아니에요. 칠성장어는 다른 물고기의 피를 빨아 먹는 기생 동물이지만 몸길이가 40~50센티미터는 돼요.

숙주가 솜털이 보송보송한 기생벌의 번데기를 보호하고 있어요. 기생벌의 애벌레가 숙주를 갉아 먹으면서 특수한 화학 물질을 분비해 자신을 보호하도록 조종했기 때문이에요.

칠성장어는 수백 개는 되는 이빨을 숙주의 몸에 단단히 박고 혀로 피를 핥아요.

칠성장어의 침에는 피가 응고되지 못하게 하는 물질이 들어 있어요. 덕분에 칠성장어는 흘러나오는 피를 실컷 먹을 수 있지요.

완벽한 기생 생활

벼룩은 놀라운 뛰어오르기 실력으로 한 숙주에서 다른 숙주로 옮겨 가는 기생충이에요. 주로 포유류의 피를 빨아 먹는데, 몸이 납작해서 다른 동물의 머리털이나 몸털에 찰싹 붙어 다닐 수 있지요.

괭이벼룩은 약 2,500종의 벼룩 중에서 가장 흔히 볼 수 있어요. 이름처럼 주로 고양이에 기생하지만 개, 여우, 족제비 그리고 다람쥐 같은 동물의 피도 빨아 먹어요.

칠성장어는 원시적인 물고기예요. 상어처럼 골격이 연골로 되어 있고 턱이 없는 데다 아가미덮개로 덮인 아가미 대신 아가미 구멍이 나 있지요.

말라리아모기
ANOPHELES ALBIMANUS

서식지 : 중앙아메리카와 남아메리카의 물가
몸길이 : 약 6밀리미터
몸무게 : 약 12.5밀리그램
먹이 : 유생은 수생 식물, 수컷 성체는 꿀, 암컷 성체는 피
기대 수명 : 수컷 최대 2주, 암컷 최대 4주
멸종 위기 등급 : 미평가

알고 있나요? 말라리아모기는 무척 위협적인 기생충이에요. 암컷이 인간의 피를 빨아 먹은 뒤 말라리아라는 질병을 옮기는데, 1년에 약 63만 명이 말라리아로 목숨을 잃지요.

용어 소개

- **가설**
어떤 사실을 설명하거나 증명하기 위해 '만약'이라고 가정한 이야기예요. 관찰이나 실험을 해 가설이 맞는지 아닌지 증명해요.

- **겹눈**
홑눈이 벌집 모양으로 여러 개 모인 눈으로, 여러 방향에 있는 물체를 동시에 보고 구별할 수 있어요.

- **고래수염**
수염고래의 입안에 이빨 대신 나 있는 수염으로, 먹이를 걸러 내는 데 사용돼요.

- **구근**
땅에 묻힌 식물의 뿌리나 줄기 또는 잎으로, 달걀처럼 동그래서 양분을 품고 있어요.

- **구애**
짝짓기 시기에 짝짓기 상대에게 자신을 뽐내는 행동이에요.

- **균류**
버섯이나 독버섯처럼 포자로 번식하는 유기체를 말해요.

- **꽃가루받이**
꽃의 꽃가루가 암술머리에 옮겨 붙는 일을 말해요. 꽃가루받이가 이루어져야 씨앗이 맺히지요.

- **단독 생활**
동물이 무리를 짓지 않고 따로 사는 일이에요.

- **단세포 생물**
세포 1개로 이루어진 단순한 생물을 말해요.

- **먹이 사슬**
생물계에서 먹이를 중심으로 서로 먹고 먹히는 관계를 말해요.

- **밀렵**
허가를 받지 않고 불법으로 몰래 하는 사냥이에요.

- **분류학**
동식물을 나누는 학문으로, 생물계를 다시 문, 강, 목, 과, 속, 종으로 자세히 나눠 관찰하고 연구해요.

- **생물 다양성**
동식물과 미생물 수백만여 종, 그리고 그들이 사는 환경과 생태계 전체가 만들어 내는 풍요로운 지구를 가리켜요.

- **성체**
다 자란 동물 개체를 말해요. 어른이라는 뜻이지요.

- **세력권**
동물 개체나 무리가 자신의 영역이라고 여겨 다른 개체나 무리의 침입을 막는 구역을 말해요. 텃세권 또는 영역이라고도 해요.

- **숙주**
기생 동물에게 먹잇감이 되는 생물이에요. 대개 기생 동물이 붙어사는 생물이기도 해요.

- **아종**
종을 다시 세분한 생물 분류 단위예요.

- **야행성**
낮에 쉬고 밤에 활동하는 동물의 습성을 말해요.

- **엄니**
크고 날카로운 포유류의 이빨로, 사자나 호랑이의 송곳니와 코끼리의 앞니가 모두 엄니예요.

- **연골**
몸을 지지해 주는 무른 뼈로, 잘 구부러져요.

- **영장류**
포유류 가운데 가장 발달된 동물군으로, 대개 손가락과 발가락이 한쪽에 5개씩 있어요.

- **외래종**
다른 나라에서 들어온 생물 종을 말해요.

- **유생**
변태하는 동물의 어린 개체를 말해요. 애벌레와 올챙이가 모두 유생이에요.

- **제트 추진**
기체나 액체를 내뿜는 힘으로 앞으로 나아가는 방식이에요.

- **큰턱**
절지동물의 입에 달린 턱으로, 양옆으로 벌어져 먹이를 씹는 데 쓰여요.

- **포식자**
다른 동물을 먹이로 삼아 생명을 유지하는 동물을 가리켜요.

- **피식자**
다른 동물의 먹이가 되는 동물을 말해요.

- **해면동물**
가장 원시적인 동물의 한 종류예요.

- **흡반**
다른 동물이나 물체에 달라붙기 위한 신체 기관이에요.